高等院校经济管理类信息技术实验系列教材

项目管理实验教程

主　编　井然哲

上海财经大学出版社

图书在版编目(CIP)数据

项目管理实验教程/井然哲主编.—上海：上海财经大学出版社，2018.4
(高等院校经济管理类信息技术实验系列教材)
ISBN 978-7-5642-2930-6/F·2930

Ⅰ.①项… Ⅱ.①井… Ⅲ.①项目管理-高等学校-教材 Ⅳ.①F224.5

中国版本图书馆 CIP 数据核字(2018)015178 号

□ 责任编辑　柳萍萍
□ 封面设计　张克瑶

XIANGMU GUANLI SHIYAN JIAOCHENG
项 目 管 理 实 验 教 程
主　编　井然哲

上海财经大学出版社出版发行
(上海市武东路 321 号乙　邮编 200434)
网　　址:http://www.sufep.com
电子邮箱:webmaster @ sufep.com
全国新华书店经销
上海叶大印务发展有限公司印刷装订
2018 年 4 月第 1 版　2018 年 4 月第 1 次印刷

787mm×1092mm　1/16　9.25 印张　237 千字
印数:0 001—2 200　定价:42.00 元

高等院校经济管理类信息技术实验系列教材

编委会

主　编　刘兰娟

副主编　韩冬梅　韩景倜　李艳红

编委会　（按姓氏笔画排序）

王炳雪	邓祖新	王淞昕	冯佳昕	田　博
刘兰娟	竹宇光	陈元忠	陈　岗	芮廷先
邵志芳	李欣苗	吴继兰	李艳红	杜梅先
张　勇	张　娥	张雪凤	劳帼龄	郑大庆
郝晓玲	赵龙强	曹　风	崔丽丽	黄海量
曾庆丰	韩冬梅	韩松乔	谢美萍	韩景倜
熊珺杰				

总　序

科技在飞速发展,社会在不断进步,当代大学生若要适应市场经济对人才的需求,除了要有深厚的理论基础外,更需要具有实践能力,因此,大学的实验教学和实践体系设计越发重要,成为在校生学习和受教育过程的重要组成部分。

高等学校 IT 人才的创新和实践能力与社会岗位需求之间存在一定差距,很重要的一个原因是高校实验课程的设计与企业需求联系不够紧密,实验课程设置中整体思想贯穿不够。所以,为了加快经济管理类高校 IT 类实验课程的建设步伐,需要在新一轮课程体系改革中,围绕"能力分解、阶梯推进"的课程实验改革思路,基于阶段项目训练的课程体系建设规划,同时结合 IT 相关专业的特点,在遵循现有课程体系的前提下,对专业课程的实验环节进行重组、整合和系统性规划,将 IT 行业的职业化场景真正引入课程体系和教学的全过程。

根据实验教学规律,我们将实验教学分为基础认知型(软件实验和硬件实验)、应用设计型、综合创新型(包括课程性综合实验、专业性综合实验、学科性综合实验)三个层次。分层次安排实验项目和内容,实现实验教学的系统优化。通过基础认知型实验设计,对学生进行基本实验技能、实验原理、实验方法的训练,巩固和应用理论知识;通过应用设计型实验设计,让学生能够运用基础实验内容,通过比较、抽象、概括、归纳等积极思维活动进行课程设计;通过综合创新型实验设计,运用多门课程的实验内容和实验结果,提出实现综合设计实验的总体方案,充分发挥学生的积极性、主动性和创造性,促进知识向能力转化。通过以上三个层次的实验设计规划,形成彼此关联、相互配合的系统化、层次化的实验课程体系。在这一过程中强调在课程群中统一实验目标、集中规划,在各门课程认知实验的基础上,强调专业知识的集成和学科综合。与此同时,利用"案例与任务驱动"的教学模式,启发学生在课程群环境中通过演练式学习主动分析和研究企业仿真环境,发现问题,创新思维,培养大学生的创造性思维。

本系列实验教材具有一定的实践意义:(1)形成了分阶段、渐进式学习模式,课程体系在原有的单一性、演示型、验证性课程实验的基础上设计了设计型、综合性实验,以及开放性、创新型实验,引导学生由浅入深,从知识理解到知识运用,再从知识运用到自主创新。(2)设计了以知识贯穿和课程融合为主导的集成实验内容,实现了十几门课程、基于两个案例的实验课程集成,弥补了课程之间的知识断点,实现了各课程之间的知识融合,促使学生从科目分科学习到知识融会贯通,从各门课程的知识积累向所有知识的综合运用能力转化。

本系列实验教材分专业和公共两个系列:专业系列包括综合设计实验、数据库、系统分析与设计、管理信息系统等实验教材;公共系列包括管理会计、经济管理中的计算机应用、ERP 综合实验等实验教材。本系列实验教材既适合作为高等学校信息管理与信息系统专业和经济管理类的IT专业本科生学习及实践的配套指导教材，也可以作为非计算机专业学生教学实践课程的专用教材。

希望通过本系列实验教材的共享和传播，能促进上海财经大学IT专业实验教学的深入开展，助力于全国财经类院校经管类IT专业实验教学的改革探索，继而推动全国高等院校实验教学的创新发展。

刘兰娟
上海财经大学信息管理与工程学院
2017年10月

前 言

项目管理渊源于军事工程。军事工程的发展提出了项目管理这样一个科学问题。随着信息科学跨越式的发展,对项目管理提出了新的挑战。为加强本科生的培养,适应未来经济社会发展,尤其是对项目管理核心人才的需求,项目管理实验课程由此诞生。

国家要求高等学校将建立和完善实践教学体系作为提高教学质量的重要内容。根据教育部关于质量工程、实践教学体系的要求,如何改进现有的教学模式,给学生创造更多的实践机会和提高操作技能,培养学生的动手能力和自主创新能力,使之成为能够尽快适应社会环境的合格毕业生,是高等教育教学改革的一个重要方向。

然而,项目管理实践教学存在以下难点:

一是软件公司无法提供项目管理的高端岗位接收学生大规模的实训;

二是学生在软件公司实训无法接触到项目管理的核心业务;

三是项目管理工具较多,很难指导学生把项目管理的工具应用到实践中;

四是学生已不满足于简单的软件开发,要求能够比较全面地体验到项目管理的核心业务。

本课程实施于本科生教学仅有两年多的时间。2015年开始尝试在项目管理课程中加入实验内容,当时课程组调研了国内外大学的本科生教学体系和相关课程,提出了"案例为基础,项目为先导,管理为手段,应用为目标"的实验课程体系建设思想,结合课题组多年的科研课题的研究成果,尝试编写实验教材,为项目管理实验课程的建设和创新走出了一条新路。项目管理实验方法在课堂教学以及科学项目研究中得以成功应用和验证,收到了良好的效果。

项目管理是一门实践性很强的课程,仅仅通过阅读教科书或听课是不可能完全掌握的,学习项目管理的最重要环节就是实践。尤其是对于没有实际经验的学生来说,学习项目管理技术,是为了将其应用于本学科的科学研究和实践。所以培养学生的实践能力极为重要。因此,要想能够把书本上的知识变为自己所具有的能力,所需要的是实践、实践、再实践。

1. 实验环节设计的指导思想

以巩固基础知识和培养软件项目管理应用技能为起点;以综合应用各种管理策略和技术,分析和解决实际问题,培养自主学习能力,树立团队合作精神为目标。

2. 实验教学模式

本课程的实验环节采用课内操作讲解+课外学生项目应用的模式,与之相应的辅助资源主要包括学生用书(含案例、习题与实验指导),教师在课堂上讲解实验要点、点评实验过程中的问题,助教辅导实验课、答疑、批改作业。

课程组给出课外学习指导方案。鼓励学生自行调研、自主选题进行课程设计,制作项目管理实验计划。

3. 各环节的侧重点及配合关系

课内操作讲解侧重于对项目管理的实际操作进行现场讲解和指导,学生用课件中给出了详细的操作任务和参考步骤、参考程序。教师负责解答在实验中遇到的各种问题。

课外学生项目应用要求学生在其他课程项目或大作业中应用项目管理方法和技术,目的是对学生进行项目训练,侧重培养学生发现问题、独立分析问题和解决问题的能力,以及团队合作精神。使学生初步体会到实际应用中遇到的种种细节问题。课程组采用的方法是让学生基于自己的条件,自行分析、设计并采用各种相关的方法和工具。

整套实验教学方案,兼顾基础性、综合性和探索性,有效地培养了学生的创新思维能力和独立分析问题、解决问题的能力,取得了良好的教学效果。

在本教材编写过程中,全校选修本课程的同学们提出了宝贵的意见和建议,同时选取了部分同学的实验报告作为实验参考。

引 言

一、实验教学的目的

项目管理实验课程作为课程实践性环节之一,是教学过程中必不可少的重要内容。通过计算机系统实验和案例分析,使学生加深项目管理知识理解、验证并巩固课堂教学内容;加强对项目管理的综合分析训练;重点掌握项目管理的基本方法和工具;培养学生理论与实践相结合的能力。

项目管理实验能够让学生更好地掌握项目管理技术方法及相关文档的撰写技能。通过该课程及实验的教学,学生能够掌握项目管理的工具和使用方法、加深理解项目管理原理、主要工具在项目管理过程中的作用,为能够胜任今后的项目管理及其他管理工作奠定良好的理论与实践基础。依据教学计划的要求,通过基础性、综合性、应用性和创新性实验教学设计,要求学生能够将专业基础课程的知识点进行系统的梳理,以项目管理课程为核心,建立项目思维,将各门相关课程前后衔接,厘清项目管理所必备的工具和方法等方面的基础理论与知识脉络。

要求学生深入理解项目管理的指导思想,学会运用使用各种项目管理涉及的工具辅助进行项目管理,对项目管理的整套工作流程有一个概况性的认识,了解各阶段需要产生的交付成果。通过实验,强化学生的实际动手操作能力和分析问题的能力、解决问题的能力,培养系统的思维和良好的工作模式,培养良好的工作态度和习惯。

二、与其他课程之间的关系

项目管理的前续课程为管理学、经济学、战略管理、统计学、运筹学、投资学、会计学、财务管理、市场营销、服务管理、人力资源管理等。后续课程(以上海财经大学信息类专业本科生为例)为管理信息系统、信息系统分析与设计、机器学习与人工智能、大数据原理及应用、经济管理中的计算机应用、电子商务分析与设计、程序设计、软件工程、ERP 实验、金融工程、决策仿真等。本课程还是各专业学生进行毕业设计的重要基础。

正如美国项目管理专业资质认证委员会主席 Paul Grace 所言:"在当今社会中,一切都是项目,一切也将成为项目。"从广义的角度看,凡事若以项目的方式运作,它就能作为一个项目,能运用项目以及项目管理的知识。因为项目管理的确有一些专业的方法,如时间管理、进度管理、资源管理、成本管理等,这些知识能教会我们如何科学地学习其他相关课程。

项目管理知识点与其他相关课程交叉关系

说明： 时间管理□ 进度管理△ 沟通管理▽ 协调管理◇ 成本管理○ 资源管理◎ 计划管理☆ 组织管理■ 控制管理★	
管理学	□△▽◇○◎☆■★
经济学	□◇○○☆■★
战略管理	□△▽◇○◎☆■★
统计学	○◎☆★
运筹学	□△▽◇○◎☆★
投资学	□△▽◇○◎☆■★
会计学	□△○◎☆■★
财务管理	□△▽◇○◎☆■★
市场营销	□△▽◇○◎☆■★
服务管理	□△▽◇○◎☆■★
人力资源管理	□△▽◇○◎☆■★
管理信息系统	□△○◎☆■★
信息系统分析与设计	□△○☆■★
机器学习与人工智能	□◇○◎☆★
大数据原理及应用	◇○◎☆★
经济管理中的计算机应用	□△▽◇○◎☆■★
电子商务分析与设计	□△▽◇○◎☆■★
程序设计	□△▽◇○◎☆■★
软件工程	□△▽◇○◎☆■★
ERP 实验	□△▽◇○◎☆■★
金融工程	□△▽◇○◎☆■★
决策仿真	□△▽◇○◎☆■★

三、实验内容

本实验课程根据项目管理课堂教学设计了 8 次实验。包括两次基础性实验,是针对项目管理软件系统的基础应用进行设计的;一次设计性实验,让学生进行项目进度计划的指定。四次综合性实验,从项目的一个侧面着手,综合训练项目管理方法的应用;最后一次为创新性实验,主要训练学生对项目进度、资源、费用联合的控制和管理。

主要实验内容

序号	实验项目名称	学时	实验性质
1	软件系统的基本操作	2	基础性

续表

序号	实验项目名称	学时	实验性质
2	基本项目任务和项目中的任务关系	2	基础性
3	项目进度计划的制定	2	设计性
4	项目时间管理	2	综合性
5	项目进度管理	2	综合性
6	项目资源管理	2	综合性
7	项目成本管理	2	综合性
8	进度、资源、费用联合的控制和管理	3	创新性

四、实验要求

通过项目管理实验，强化学生对实际问题的分析和理解能力，提升学生独立解决问题的能力，培养项目式思维和系统的观点，培养良好的工作习惯。具体要求如下：

(1) 实验前认真预习和复习课堂教学中的有关项目管理的基本理论和方法，明确实验目的，做好实验准备。

(2) 掌握项目管理各阶段所使用的系统工具及文档撰写方法。

(3) 独立完成一个项目的调查、分析、任务逻辑关系设计，能对实验过程中出现的问题进行独立分析和处理。

(4) 撰写简明扼要、文理通顺、图表清晰、结论正确、分析科学的实验总结报告。

(5) 结合项目管理的具体要求，进行详细的案例分析，实验中涉及的重要信息和数据应该及时保存和管理，实验报告中应该有必要的截图和操作过程记录。

五、实验考核标准

项目管理是一门应用性较强的管理类课程，通过该课程的学习，使学生对项目管理的基本知识、基本内容、基本方法有一个较全面的了解，能够更好地指导实践工作。

课程的考核内容如下：

(1) 实验内容：实验内容理解正确，实验目标明确，项目案例选取和分析恰当。

(2) 实验过程：实验过程规范，严格按照流程任务操作。

(3) 实验结果：实验结果全面，结论正确。

(4) 实验报告：撰写规范，内容全面，分析和解决问题思路清晰。

(5) 实验纪律：需要独立完成实验，不允许出现雷同项目案例和实验报告。

目 录

总序 ··· 1

前言 ··· 1

引言 ··· 1

实验一　Microsoft Project2013 的基本操作 ··· 1
　一、实验目的 ··· 1
　二、实验内容 ··· 1
　三、知识准备 ··· 1
　四、实验步骤 ··· 3

实验二　基本项目任务和项目中的任务关系 ·· 8
　一、实验目的 ··· 8
　二、实验内容 ··· 8
　三、知识准备 ··· 8
　四、实验步骤 ·· 26

实验三　项目进度计划的制定 ·· 31
　一、实验目的 ·· 31
　二、实验内容 ·· 31
　三、知识准备 ·· 31
　四、实验步骤 ·· 35

实验四　项目时间管理 ··· 39
　一、实验目的 ·· 39
　二、实验内容 ·· 39

三、知识准备 ……………………………………………………………………… 39

　　四、实验步骤 ……………………………………………………………………… 45

实验五　项目进度管理 ……………………………………………………………… 48

　　一、实验目的 ……………………………………………………………………… 48

　　二、实验内容 ……………………………………………………………………… 48

　　三、知识准备 ……………………………………………………………………… 48

　　四、实验步骤 ……………………………………………………………………… 52

实验六　项目资源管理 ……………………………………………………………… 55

　　一、实验目的 ……………………………………………………………………… 55

　　二、实验内容 ……………………………………………………………………… 55

　　三、知识准备 ……………………………………………………………………… 55

　　四、实验步骤 ……………………………………………………………………… 58

实验七　项目成本管理 ……………………………………………………………… 60

　　一、实验目的 ……………………………………………………………………… 60

　　二、实验内容 ……………………………………………………………………… 60

　　三、知识准备 ……………………………………………………………………… 60

　　四、实验步骤 ……………………………………………………………………… 61

实验八　进度、资源、费用联合的控制和管理 …………………………………… 65

　　一、实验目的 ……………………………………………………………………… 65

　　二、实验内容 ……………………………………………………………………… 65

　　三、知识准备 ……………………………………………………………………… 65

　　四、实验步骤 ……………………………………………………………………… 72

《项目管理》实验报告(参考模板) ………………………………………………… 74

《项目管理》实验报告(参考样例) ………………………………………………… 115

参考文献 …………………………………………………………………………… 132

实验一

Microsoft Project2013 的基本操作

一、实验目的

掌握 Project 的安装配置,掌握进行项目基本设定的方法,并建立一个项目工作初始计划,为后期的实验做准备。

二、实验内容

(1)Project 的安装配置。
(2)掌握利用 Project 建立一个项目工作初始计划的方法。

三、知识准备

项目管理是一系列的计划、组织、用人、指导和控制的过程,在该过程中充分运用企业的资源,包括资本、物料、时间与员工等,以实现企业的相对短期目标。换言之,项目管理就是应用管理知识与技能,完成项目的目标和需求。

一般而言,项目需要多人协作共同完成,而且也不是多人进行的单一重复性的工作,项目应具有如下特性:

(1) 项目的短暂性——项目都有明确的时间框架,时间的长短由项目的复杂性而定,短则几天或几小时,长则几十年,如何安排时间是关系到项目成败的一个关键因素。

(2) 项目的目标性——项目要有明确可度量的目标,而不能是不确定的模糊的目标,每个项目所追求的目标必须服从总体运作体系的要求,项目完成的结果应该是可以依据目标说明书进行判断,实现了项目的目标,也就意味着项目的结束。

(3) 项目的可预测性——项目的所有任务都可以由项目管理者根据时间、资源等参数进行管理,同时还可以根据项目执行情况预测项目成功还是失败。

(4) 项目的可限制性——项目是受时间限制的。项目的开始日期和结束日期必须符合时间要求,总的时间和单个任务的时间应该与项目的目标说明相符合。项目还受到资源和成本的限制，例如完成项目的人员和资金都是有限的。

（5）项目的动态性——项目时间可以持续几个月甚至几年，同时项目是动态发展的，可能发生不可预期的变化，此时作为一名项目管理人员应该及时做出反应，根据变化对项目进行调整，否则将不能实现预期的目标。

因此，一个成功的项目应具有以下的条件：

一是在规定的时间内完成所有任务；

二是项目成本不多于原资源预算；

三是项目的质量符合说明书中的目标质量。

具体操作与项目最根本的不同在于具体操作是具有连续性和重复性的，而项目则是有时限性和唯一性的。我们因此可以根据这一显著特征对项目做这样的定义——项目是一项为了创造某一唯一的产品或服务的时限性工作。所谓时限性，是指每一个项目都具有明确的开端和明确的结束；所谓唯一，是指该项产品或服务与同类产品或服务相比在某些方面具有显著的不同。

各种层次的组织都可以承担项目工作。这些组织也许只有一个人，也许包含成千上万的人；也许只需要不到100个小时就能完成项目，也许会需要上千万小时。项目有时只涉及一个组织的某一部分，有时则可能需要跨越好几个组织。通常，项目是执行组织商业战略的关键。以下的活动都是一个项目：

- 开发一项新的产品或服务
- 改变一个组织的结构、人员配置或组织类型
- 开发一种全新的或是经修正过的信息系统
- 修建一座大楼或一项设施
- 开展一次政治性的活动
- 完成一项新的商业手续或程序

时限性指每个项目都有明确的开端和结束。当项目的目标都已经达到时，该项目就结束了，或是当我们已经知道、已经可以确定项目的目标不可能达到时，该项目就会被中止。时限性并不意味着持续的时间短，许多项目会持续好几年。但是，无论如何，一个项目持续的时间是确定的，项目是不具备连续性的。

另外，由项目所创造的产品或服务通常是不受项目的时限性影响的，大多数项目的实施是为了创造一个具有延续性的成果。例如，一个竖立民族英雄纪念碑的项目就能够影响好几个世纪。

许多工作在某种意义上来说都是有时限性的。因为它们都会在某一点上结束。比如，一个自动化工厂的装配工作会有暂停的时候，这个工厂本身也会有停工的时候，项目与此有根本性的不同，因为项目是在既定目标达到后就结束了，而非项目型的工作会不断有新的工作目标，需要不断地工作下去。

项目的这种时限性特征也会在其他方面体现出来：

- 机遇或市场行情通常是暂时的——大多数项目都需要在限定的时间框架内创造产品或服务。
- 项目工作组，作为一个团队，很少会在项目结束以后继续存在——大多数项目都是由一个工作组来实施完成的，而成立这个工作组的唯一目的也就是完成这个项目，当项目完成以后，这个团体就会被解散，成员也会再被分配到其他的工作当中去。

项目所涉及的某些内容是以前没有被做过的,也就是说这些内容是唯一的。即使一项产品或服务属于某一大类别,但它仍然可以被认为是唯一的。比方说,我们修建了成千上万的写字楼,但是每一座独立的建筑都是唯一的——它们分属于不同的业主,做了不同的设计,处于不同的位置,由不同的承包商承建等等。具有重复的要素并不能够改变其整体根本的唯一性,例如:

- 一个新开发商业航线的项目可能需要提供大量的模型。
- 一个推广新药的项目可能需要大量药剂用于临床试验。
- 一个房地产开发项目包括成百上千的独立单元。

每个项目的产品都是唯一的,产品或服务的显著特征必定是逐步形成的。在项目的早期阶段,这些显著特征会被大致地做出界定,当项目工作组对产品有了更充分、更全面的认识以后,就会更为明确和细致地确定这些特征。

应该将产品特征的逐步形成与项目范围正确的界定加以仔细协调,特别是当项目根据合同实施的情况下,对这一点要更加注意。当做出正确的界定以后,项目的范围——需要做的工作——即使当产品的特征是逐步形成的,范围也应该保持不变。

以下两个不同应用领域中的案例解释了产品特征的逐步形成过程。

【案例1】 一家化学品加工工厂往往首先要开始的程序是对工艺流程性质、特点的定义,这些性质、特点将用作设计主要加工环节。这种信息资料是工程设计图的基础,而工程设计图需要明确工厂布局细节、工艺流程以及辅助设备的机械特征。通过所有这些可以使我们完善工程设计草图,这个工程设计草图可以进一步被绘制成与实物等大的建筑工程图。在建造过程中,根据需要在被许可的范围内进行解释和改造。那么,对于以上性质特点的进一步完善要根据施工现场变化而变化的图纸来得出。在测试和运转中,性质、特点的更进一步完善常常是以最后的操作调试来完成的。

【案例2】 一个生物制药的研究项目最初被称为"XYZ临床试验",因为此时的试验次数和每次试验的规模都未确定。随着项目的开始进行,对于这些就有了更为明确的描述:"一阶段试验三次,二阶段试验四次,三阶段试验四次,四阶段试验两次。"为了逐步地确定产品的特性,接下来的工作将全力集中于确定第一阶段试验方案上——对多少病人进行试验、需要多少药剂量、用药的频率应该多少。在项目的最后,第三阶段试验的内容就可以根据前两阶段收集和整理出来的信息加以明确。

项目管理就是为了满足甚至超越项目涉及人员对项目的需求和期望而将理论知识、技能、工具和技巧应用到项目的活动中去。要想满足或超过项目涉及人员的需求和期望,我们需要在下面这些相互间有冲突的要求中寻求平衡:

- 范围、时间、成本和质量。
- 有不同需求和期望的项目涉及人员。
- 明确表示出来的要求(需求)和未明确表达的要求(期望)。

四、实验步骤

利用 Project 2013 建立一个项目的实验步骤如下:
1. 新建项目

打开 Microsoft Project 2013,初始界面如图 1—1,单击"空白项目"新建一个项目,并进入任务选项卡,见图1-2。

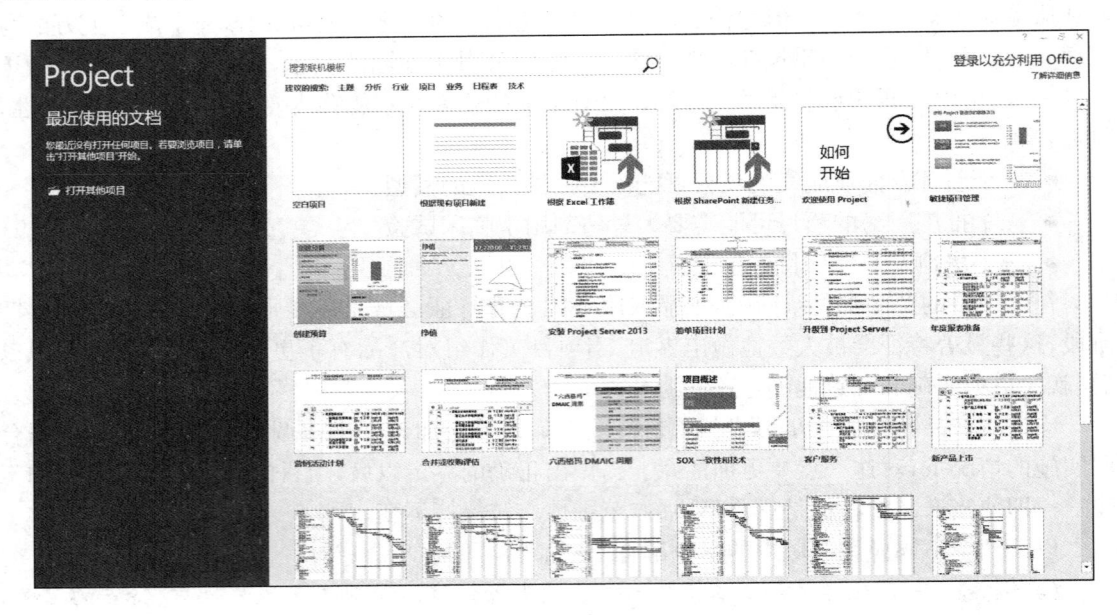

图1-1

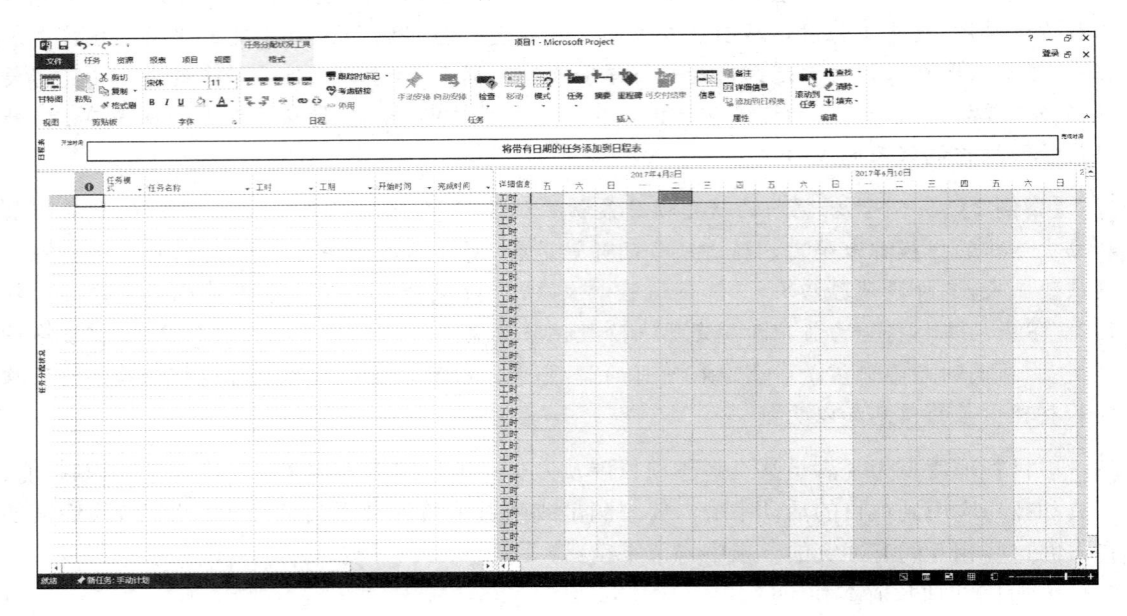

图1-2

2. 设置项目的开始日期

选中【文件】选项卡,单击【信息】,在信息的右侧【开始日期】框中选择一个日期,作为项目的开始日期,见图1-3。

实验一　Microsoft Project2013 的基本操作

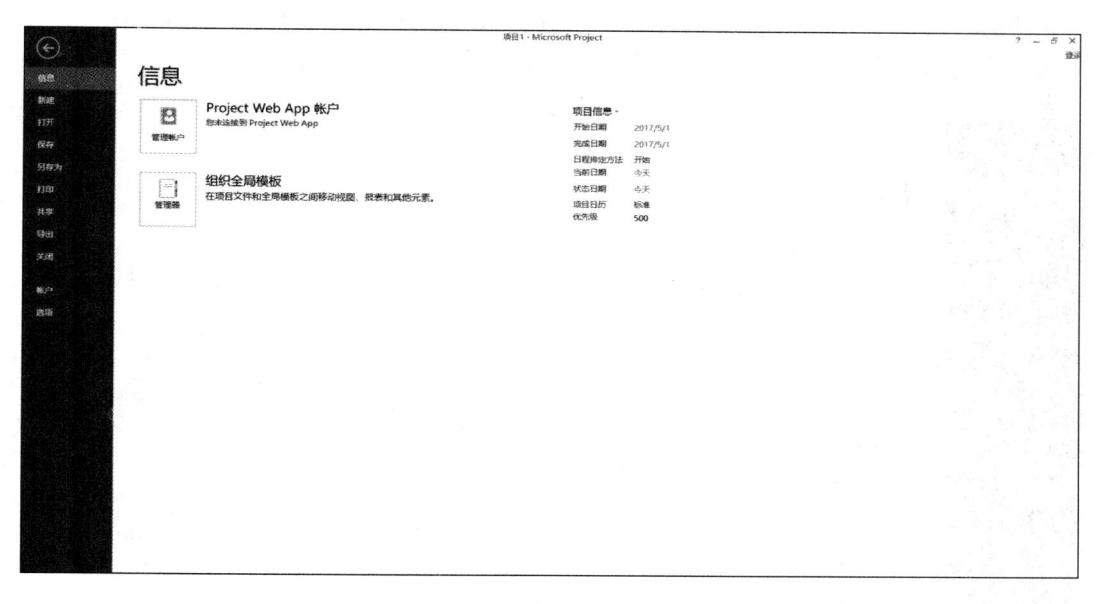

图 1—3

3. 项目日历

选中【项目】选项卡，单击【更改工作时间】，为项目设置一个专属的日历，确定工作的天数、时间和非工作时间，见图 1—4。

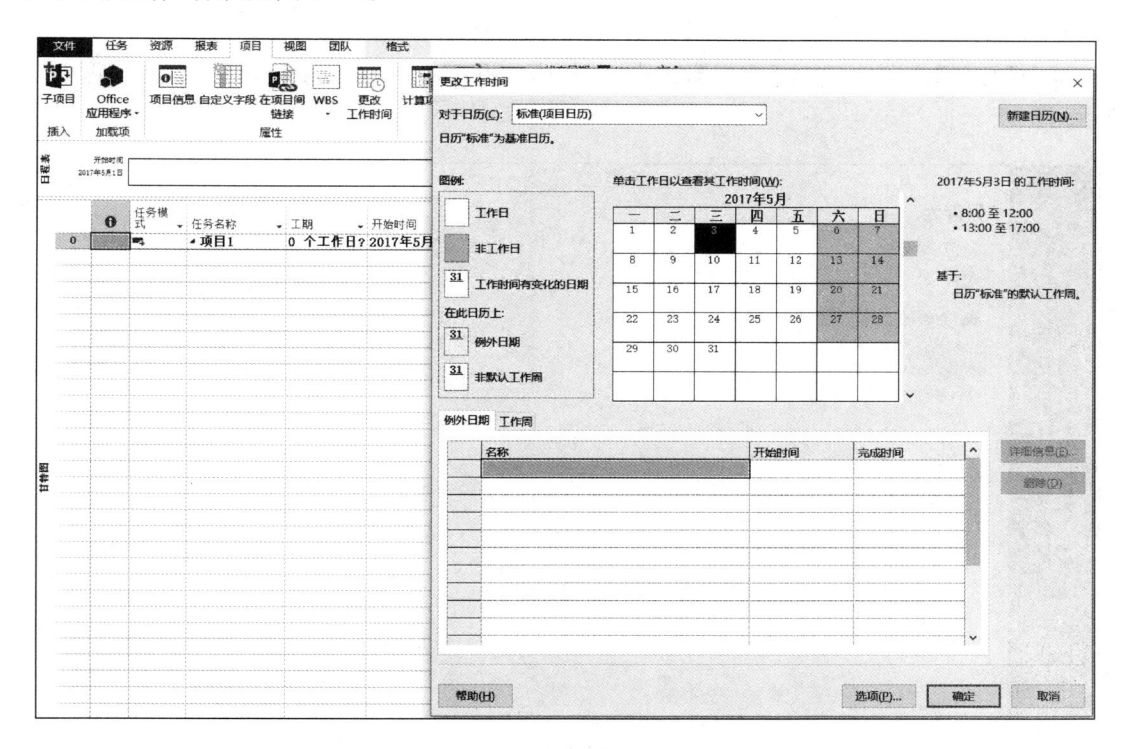

图 1—4

选中【文件】选项卡,单击【信息】,在项目日历中选择刚才自定义设置的日历(见图1—5),如果没有进行自定义,则选择适合项目的日历,【标准、24小时、夜班】。

图 1—5

4. 保存

选中【文件】选项卡,单击【保存】,Project 2013 提供了多种保存途径供您选择(如图 1—6 所示)。

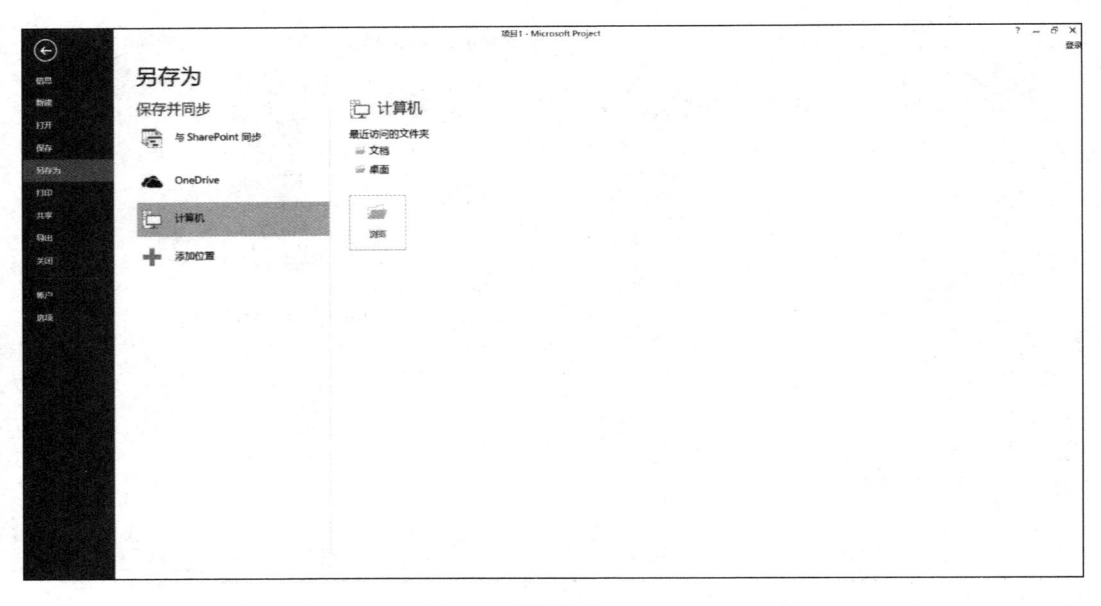

图 1—6

5. 设置基本信息

选中【格式】选项卡,勾选【显示/隐藏】选项组中的"大纲数字""项目摘要任务""摘要任务"。

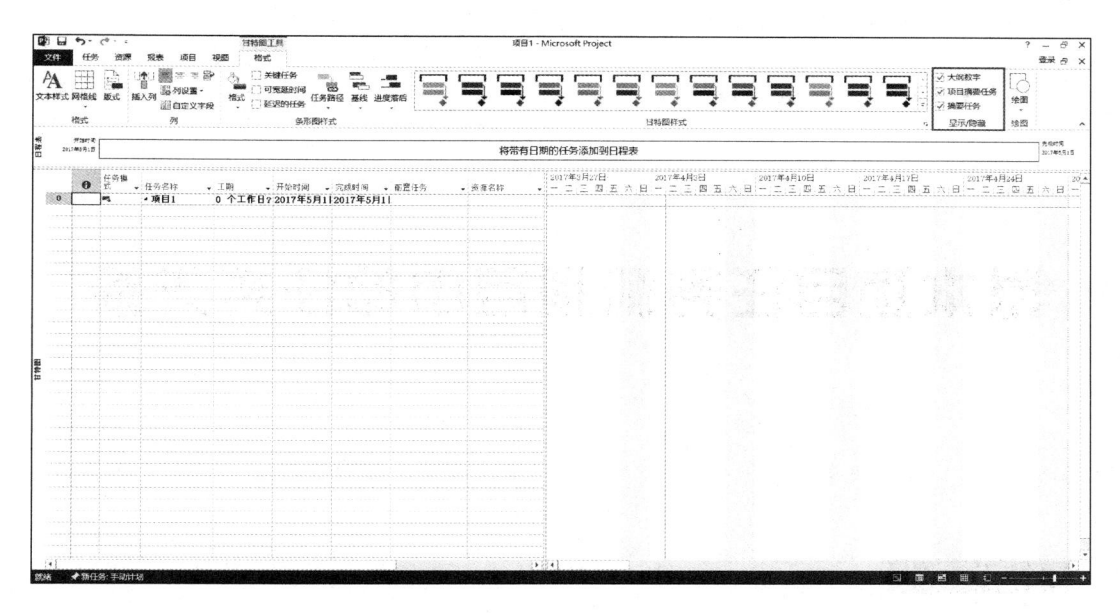

图 1-7

实验二

基本项目任务和项目中的任务关系

一、实验目的

按照课程讲述的方法对指定的软件项目进行任务分解,利用 Project 进行任务安排与设定,使学到的理论具体化,从而提高解决实际问题的能力。

二、实验内容

(1)掌握如何在项目中建立任务。
(2)掌握如何输入任务的工期。
(3)掌握如何调整任务的层次。
(4)掌握如何设定任务之间的关联性。

三、知识准备

项目管理有四种常用的技术:

● **任务分解结构技术**:任务分解结构法通常称为 WBS,它用来将一个整体的项目按照一定的原则进行分解,以对项目进行灵活和有效的控制。

● **甘特图**:"甘特图"是国内外应用最广泛的项目进度计划管理方法之一,它是 19 世纪由亨利·甘特(Henry Gantt)发明的,为了纪念这位创始人,将这种方法命名为"甘特图"。"甘特图"是以一些条形图表示基本的任务信息,便于查看任务的日程,检查和计算资源的需求情况,简洁明了,所以 Project 将其作为默认视图,并使用此视图来创建初始计划,查看日程和调整计划。

● **项目评审技术**:项目评审技术 PERT,即"Program Evaluation and Review Technique",是由美国海军特别项目办公室提出的一种项目管理技术,由于海军的某些项目时间长、投资很大,很难为每一个活动制定一个确定的计划,因此,他们采用了概率统计计算工期的方法,这是一种网络分析方法。随着计算机技术的发展,人们已经开始采用概率分布函数通过计算机来进行模拟计算分析了。

● 关键路径法:项目管理中最基本的调度分配方法是关键路径方法 CPW(Critical Path Method),它是 1957 年在美国路易斯化工厂建设当中发明的。它的思想是先把项目需要的活动列出来,然后根据单个任务的工期和依赖关系计算整个项目的工期。关键任务是指那些对保证整个项目按期完成影响最大的任务,由这些任务组成的序列就是关键路径。

(一)工作分解结构

工作分解结构(Work Breakdown Structure,简称 WBS)和因数分解是一个原理,就是把一个项目,按一定的原则分解,项目分解成任务,任务再分解成一项项工作,再把一项项工作分配到每个人的日常活动中,直到分解不下去为止。

即:项目→任务→工作→日常活动。

工作分解结构(WBS)以可交付成果为导向对项目要素进行分组,它归纳和定义了项目的整个工作范围,每下降一层代表对项目工作的更详细定义。

WBS 总是处于计划过程的中心,也是制定进度计划、资源需求、成本预算、风险管理计划和采购计划等的重要基础。WBS 同时也是控制项目变更的重要基础。项目范围是由 WBS 定义的,所以 WBS 也是一个项目的综合工具。

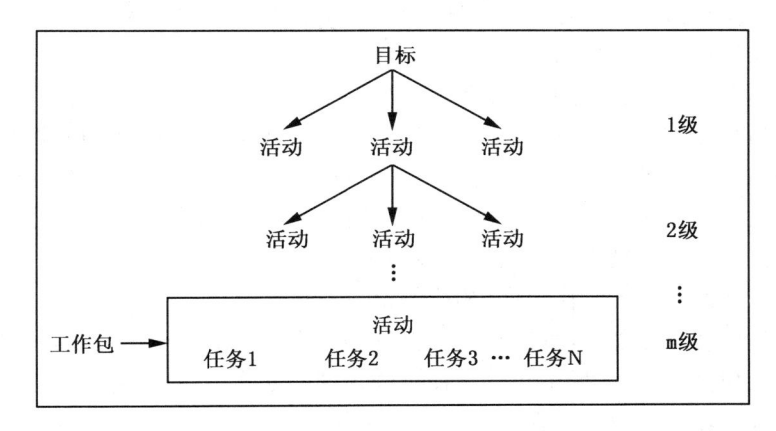

图 2—1

1. WBS 的主要用途

WBS 具有四个主要用途:

(1)WBS 是一个描述思路的规划和设计工具。它帮助项目经理和项目团队确定和有效地管理项目的工作。

(2)WBS 是一个清晰地表示各项目工作之间的相互联系的结构设计工具。

(3)WBS 是一个展现项目全貌,详细说明为完成项目所必须完成的各项工作的计划工具。

(4)WBS 定义了里程碑事件,可以向高级管理层和客户报告项目完成情况,作为项目状况的报告工具。

WBS 是面向项目可交付成果的成组的项目元素,这些元素定义和组织该项目总的工作范围,未在 WBS 中包括的工作就不属于该项目的范围。WBS 每下降一层就代表对项目工作更加详细的定义和描述。项目可交付成果之所以应在项目范围定义过程中进一步被分解为 WBS,是因为较好的工作分解可以:

- 防止遗漏项目的可交付成果。
- 帮助项目经理关注项目目标和澄清职责。
- 建立可视化的项目可交付成果,以便估算工作量和分配工作。
- 帮助改进时间、成本和资源估计的准确度。
- 帮助项目团队的建立和获得项目人员的承诺。
- 为绩效测量和项目控制定义一个基准。
- 辅助沟通清晰的工作责任。
- 为其他项目计划的制定建立框架。
- 帮助分析项目的最初风险。

2. WBS 的优点

(1)能够为工作定义提供更有效的控制。

一般来说,良好的项目管理具有下列几个原则:

①通过设施的结构化分解来进行管理;

②关注结果:实现什么,而不是怎样实现;

③通过工作分解结构,技术和人员、系统和组织之间可以平衡结果;

④在项目涉及的所有部门之间,通过定义角色、责任和工作关系来建立一个契约;

⑤采用一个简明的报告结构。

使用工作分解结构可以满足有效项目管理的五个原则中的前三个,而避免了计划的误区,即只在一个详细的层次上定义工作。以一个结构化的方式来定义工作可以保证得到更好的结果。通过可交付成果来进行工作定义,在项目向前进行时,只有那些对生产设施有必要的工作才做,因此计划也变得更加固定。在环境不断变化的情况下,项目所需的工作可能发生变化,但不管怎么变化,一定要对最终结果的产生有益。

(2)把工作分配到相应的工作包中(相应的授权)。

WBS 中的工作包是自然的,因为 WBS 的目的是生产产品,在分配责任的同时也赋予每个产品或服务的单独的部门。如果工作只是在一个详细的层次上定义,并汇集成工作包,那么这个工作包就不是自然的了,项目经理只能每天忙于告诉人们一些技术和方法,而不是让他们自己独立去完成工作。

(3)便于找到控制的最佳层次。

我们在较低层次上进行控制可能意味着在控制上所花的时间要比完成工作所需的时间更多,而在较高层次上进行控制则意味着有些重要情况在我们不经意时会溜走。通过 WBS,我们可以找到控制的最佳层次。一般情况下,控制活动的长短应该与控制会议召开的频度相一致。

(4)有助于限定风险。

在以上讨论时我们限定计划和控制的范围都不包含较高的风险。实际上 WBS 的分解层次不一定是固定不变的,WBS 的最低层次可根据风险的水平来确定。在风险较低的项目中,工作分解的最低层次可以是工作包,而在一个风险较高的项目中,我们可以继续到项目的一个最低层次上。

项目经理在规划和控制其工程项目的过程中,工作分解结构是非常有用的工具。编制完整的 WBS 确定了工程项目的总目标,并确定了各项单独的工作(部分)与整个项目(整体)的关系。

(5)是信息沟通的基础。

在现代大型复杂项目中,一般要涉及大量的资源,涉及许多公司、供应商、承包人等,有时还会有政府部门的高技术设施或资金投入,因而要求的综合信息和信息沟通的数量往往相当大。这些大项目涉及巨资并历时若干年,因此项目开始进行时设想的项目环境会随着项目的进展而发生很大的变化,即我们已经多次提到的项目早期阶段的不确定性。这就要求所有的有关集团要有一个共同的信息基础,一种各有关集团或用户从项目一开始到最后完成都能用来沟通信息的工具。这些集团包括:业主、供应商、承包人、项目管理人员、设计人员以及政府有关部门等。而一个设计恰当的工作分解结构将能够使这些集团或用户有一个较精确的信息沟通连接器,成为一种相互交流的共同基础。利用工作分解结构作为基础来编制预算、进度和描述项目的其他方面,能够使所有的与项目有关的人员或集团都明了为完成项目所需要做的各项工作以及项目的进展情况等。

(6)为系统综合与控制提供了有效手段。

典型的项目控制系统包括进度、费用、会计等不同的子系统。这些子系统在某种程度上是相互独立的,但是各个子系统之间的系统信息转移是不可缺少的,必须将这些子系统很好地综合起来,才能够真正达到项目管理的目的。而工作分解结构的应用可以提供一个这样的手段。

在WBS的应用中,各个子系统都利用它收集数据,这些系统都是在与WBS有直接联系的代码词典和编码结构的共同基础上来接收信息的。由于WBS代码的应用使所有进入系统的信息都是通过一个统一的定义方法做出来的,这样就能确保所有收集到的数据能够与同一基准相比较,并使项目工程师、会计师以及其他项目管理人员都参照有同样意义的同种信息,这对于项目控制的意义是显而易见的。

例如:许多项目中的典型问题之一是会计系统和进度控制系统不是采用完全相同的分类或编码,但是在一个有组织的共同基础之上对成本和进度做出统一而恰当的解释、分析和预测,对于项目的有效管理是非常重要的。此外,各个子系统之间在WBS基础上的共同联系越多,对项目控制就越有益,因为这样可以减少或消除分析中的系统差异。

3. 创建方法

创建WBS是指将复杂的项目分解为一系列明确定义的项目工作并作为随后计划活动的指导文档。WBS的创建方法主要有以下两种:

(1)类比方法。参考类似项目的WBS,创建新项目的WBS。

(2)自上而下的方法。从项目的目标开始,逐级分解项目工作,直到参与者满意地认为项目工作已经充分得到定义。该方法由于可以将项目工作定义在适当的细节水平,对于项目工期、成本和资源需求的估计可以比较准确。

创建WBS时需要满足以下几点基本要求:

(1)某项任务应该在WBS中的一个地方且只应该在WBS中的一个地方出现。

(2)WBS中某项任务的内容是其下所有WBS项的总和。

(3)一个WBS项只能由一个人负责,即使许多人都可能在其工作,也只能由一个人负责,其他人只能是参与者。

(4)WBS必须与实际工作中的执行方式一致。

(5)应让项目团队成员积极参与创建WBS,以确保WBS的一致性。

(6)每个WBS项都必须文档化,以确保准确理解已包括和未包括的工作范围。

(7)WBS必须在根据范围说明书正常地维护项目工作内容的同时,也能适应无法避免的变更。

(8)WBS的工作包的定义不超过40小时,建议在4~8小时。

(9)WBS的层次不超过10层,建议在4~6层。

4. WBS的编码

为了简化WBS的信息交流过程,常利用编码技术对WBS进行信息转换。

【案例】 WBS编码由四位数组成,第一位数表示处于0级的整个项目;第二位数表示处于第1级的子项目的编码;第三位表示处于第2级的具体工作单元的编码;第四位表示处于第3级的更细更具体的工作单元的编码。

在制定WBS编码时,责任和预算也可用同一编码数字制定出来,如下图所示:

WBS编码	预算(万元)	责任者	WBS编码	预算(万元)	责任者
1000	5 000	王新建	1320	1 200	齐鲁生
1100	1 000	设计部门	1321	500	金震
1110	500	李岩	1322	500	乔世明
1120	500	张德伦	1323	200	陈志明
1200	1 000	设备部门	1330	300	赵志安
1210	700	钱江林	1400	1 000	生产部门
1220	300	宋晓波	1410	600	秦益民
1300	2 000	基建部门	1420	400	徐青
1310	500	纪成			

图2—2

在运用WBS对项目进行分解时,有以下11个步骤:

(1)根据项目的规模及复杂程度,确定工作分解的详细程度。

①过粗难以体现计划内容,过细会增加计划制定工作量;

②根据分解对象、使用者和编制者进行分解。

在WBS图中,分解的详细程度是用级数的大小反映的,对于同一项目,级数越大说明分解越详细;级数越小说明分解越粗略。

(2)根据工作分解的详细程度,将项目进行分解,直至确定的、相对独立的工作单元。

(3)根据收集的信息,对于每一个工作单元,尽可能详细地说明其性质、特点、目标、工作内容、资源,进行成本和时间估算,并确定负责人及相应的组织结构。

(4)责任者对该工作单元的预算、时间进度、资源需求、人员分配等进行复核,并形成初步上报上级机构或管理人员。

(5)逐级汇总以上信息并明确各工作单元实施的先后次序,即逻辑关系。

(6)项目最高层将各项成本汇总成项目的初步概算,并作为项目预算的基础。

(7)时间估算及工作单元之间的逻辑关系的信息汇总为项目总进度计划,这是项目网络图的基础,也是项目详细工作计划的基础。

(8)各工作单元的资源使用汇总成资源使用计划。

(9)项目经理对WBS的输出结果进行系统综合评价,拟订项目的实施方案。

(10)形成项目计划,上报审批。

(11)严格按项目计划实施,并按实践的要求,不断修改、补充、完善项目计划。
5. 检验 WBS 的标准

检验 WBS 是否定义完全、项目的所有任务是否都被完全分解,可以参考以下标准:
(1)每个任务的状态和完成情况是可以量化的。
(2)明确定义了每个任务的开始和结束。
(3)每个任务都有一个可交付成果。
(4)工期易于估算且在可接受期限内。
(5)容易估算成本。
(6)各项任务是独立的。

(二)甘特图

甘特图,也称为条状图(Bar chart)。是在 1917 年由亨利·甘特开发的,其内在思想简单,基本是一条线条图,横轴表示时间,纵轴表示活动(项目),线条表示在整个期间上计划和实际的活动完成情况。它直观地表明任务计划在什么时候进行,及实际进展与计划要求的对比。

管理者由此极为便利地弄清一项任务(项目)还剩下哪些工作要做,并可评估工作是提前还是滞后,抑或正常进行。它是一种理想的控制工具。

甘特图是基于作业排序的目的,将活动与时间联系起来的最早尝试之一。该图能帮助企业描述对诸如工作中心、超时工作等资源的使用图。当用于负荷时,甘特图可以显示几个部门、机器或设备的运行和闲置情况。这表示了该系统的有关工作负荷状况,这样可使管理人员了解何种调整是恰当的。例如,当某一工作中心处于超负荷状态时,则低负荷工作中心的员工可临时转移到该工作中心以增加其劳动力,或者,在制品存货可在不同工作中心进行加工,则高负荷工作中心的部分工作可移到低负荷工作中心完成,多功能的设备也可在各中心之间转移。但甘特负荷图有一些明显的局限性,它不能解释生产变动如意料不到的机器故障及人工错误所形成的返工等。甘特排程图可用于检查工作完成进度。它表明哪件工作如期完成,哪件工作提前完成或延期完成。在实践中还可发现甘特图的多种用途。

甘特图包含以下三个含义:
(1)以图形或表格的形式显示活动;
(2)一种通用的显示进度的方法;
(3)构造时应包括实际日历天数和持续时间,并且不要将周末和节假日算在进度之内。

甘特图具有简单、醒目和便于编制等特点,在企业管理工作中被广泛应用。甘特图按反映的内容不同,可分为计划图表、负荷图表、机器闲置图表、人员闲置图表和进度表五种形式。

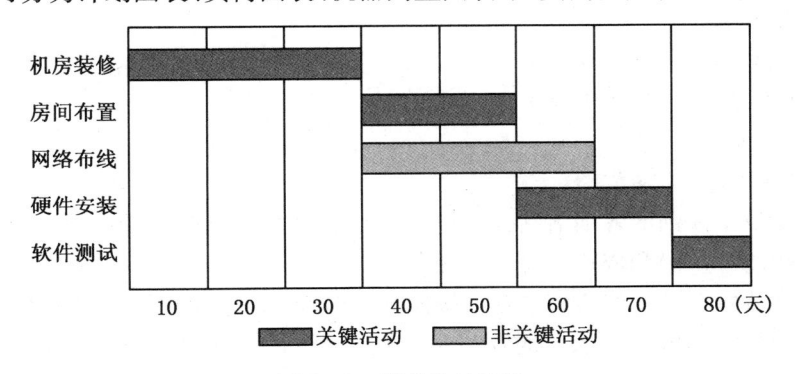

图 2-3 简单的甘特图

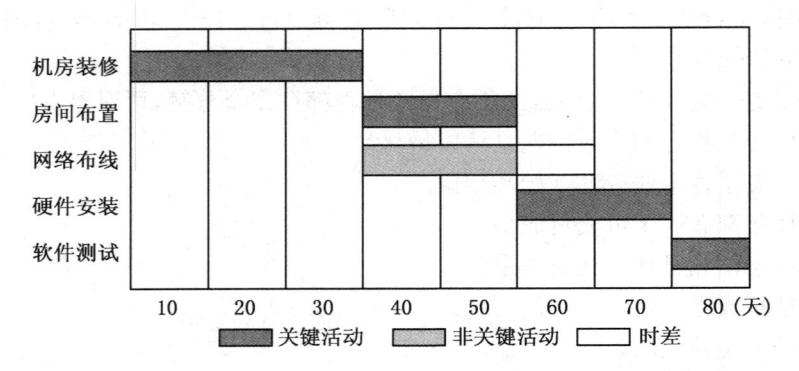

图 2—4 带时差的甘特图

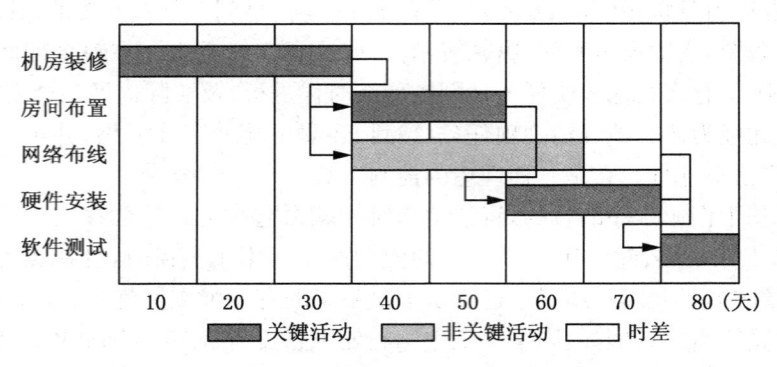

图 2—5 具有逻辑关系的甘特图

甘特图的特点是突出了生产管理中最重要的因素——时间,它的作用表现在三个方面:
(1)计划产量与计划时间的对应关系。
(2)每日的实际产量与预定计划产量的对比关系。
(3)一定时间内实际累计产量与同时期计划累计产量的对比关系。
在项目管理中,甘特图有如下一些具体应用:
- 概述项目活动
- 计划项目活动
- 设计关键路径
- 提供日程建议
- 配置项目资源
- 沟通项目活动
- 协调项目活动
- 监测项目进度

1. 绘制甘特图的步骤

(1)明确项目牵涉到的各项活动、项目。内容包括项目名称(包括顺序)、开始时间、工期、任务类型(依赖/决定性)和依赖于哪一项任务。

(2)创建甘特图草图。将所有的项目按照开始时间、工期标注到甘特图上。

(3)确定项目活动依赖关系及时序进度。使用草图,并且按照项目的类型将项目联系起来,并且安排。

此步骤将保证在未来计划有所调整的情况下,各项活动仍然能够按照正确的时序进行。也就是确保所有依赖性活动能并且只能在决定性活动完成之后按计划展开。

同时避免关键性路径过长。关键性路径是由贯穿项目始终的关键性任务所决定的,它既表示了项目的最长耗时,也表示了完成项目的最短可能时间。请注意,关键性路径会由于单项活动进度的提前或延期而发生变化。而且要注意不要滥用项目资源,同时,对于进度表上的不可预知事件要安排适当的富裕时间(Slack Time)。但是,富裕时间不适用于关键性任务,因为作为关键性路径的一部分,它们的时序进度对整个项目至关重要。

(4)计算单项活动任务的工时量。
(5)确定活动任务的执行人员及适时按需调整工时。
(6)计算整个项目时间。

2. 甘特图的优点
(1)图形化概要,通用技术,易于理解;
(2)中小型项目一般不超过30项活动;
(3)有专业软件支持,无须担心复杂计算和分析。

3. 甘特图的局限性
(1)甘特图事实上仅仅部分地反映了项目管理的三重约束(时间、成本和范围),因为它主要关注进程管理(时间)。
(2)软件的不足。尽管能够通过项目管理软件描绘出项目活动的内在关系,但是如果关系过多,纷繁芜杂的线图必将增加甘特图的阅读难度。
(3)为了不至于转移阅读者的注意力,最好避免使用栅格。

(三)计划评审技术

计划评审技术 PERT(Program Evaluation and Review Technique)就是把工程项目当成一种系统,用网络图或者表格或者矩阵来表示各项具体工作的先后顺序和相互关系,以时间为中心,找出从开工到完工所需要时间的最长路线,并围绕关键路线对系统进行统筹规划,合理安排以及对各项工作的完成进度进行严密的控制,以达到用最少的时间和资源消耗来完成系统预定目标的一种计划与控制方法。

PERT 网络是一种类似流程图的箭线图。它描绘出项目包含的各种活动的先后次序,标明每项活动的时间或相关的成本。对于 PERT 网络,项目管理者必须考虑要做哪些工作,确定时间之间的依赖关系,辨认出潜在的可能出问题的环节,借助 PERT 还可以方便地比较不同行动方案在进度和成本方面的效果。

构造 PERT 图,需要明确四个概念:事件、活动、松弛时间和关键路线。
(1)事件(Events)表示主要活动结束的那一点;
(2)活动(Activities)表示从一个事件到另一个事件之间的过程;
(3)松弛时间(Slack Time)不影响完工前提下可能被推迟完成的最大时间;
(4)关键路线(Critical Path)是 PERT 网络中花费时间最长的事件和活动的序列。

1. PERT 图的作用
(1)标识出项目的关键路径,以明确项目活动的重点,便于优化对项目活动的资源分配;
(2)当管理者想计划缩短项目完成时间,节省成本时,就要把考虑的重点放在关键路径上;
(3)在资源分配发生矛盾时,可适当调动非关键路径上活动的资源去支持关键路径上的活动,最有效地保证项目的完成进度;

(4)采用PERT网络分析法所获结果的质量很大程度上取决于事先对活动事件的预测，若能对各项活动的先后次序和完成时间都能有较为准确的预测，则通过PERT网络的分析法可大大缩短项目完成的时间。

2. 构造PERT图

需要明确三个概念：事件、活动和关键路线。

(1)事件(Events)表示主要活动结束的那一点；

(2)活动(Activities)表示从一个事件到另一个事件之间的过程；

(3)关键路线(Critical Path)是PERT网络中花费时间最长的事件和活动的序列。

(四)关键路径法

关键路径法(Critical Path Method,CPM)是一种基于数学计算的项目计划管理方法，是网络图计划方法的一种，属于肯定型的网络图。关键路径法将项目分解成为多个独立的活动并确定每个活动的工期，然后用逻辑关系(结束——开始、结束——结束、开始——开始和开始——结束)将活动连接，从而能够计算项目的工期、各个活动时间特点(最早最晚时间、时差)等。在关键路径法的活动上加载资源后，还能够对项目的资源需求和分配进行分析。关键路径法是现代项目管理中最重要的一种分析工具。

在大多数复杂的进度计划中，记录下列5种时间日期：最早(Early)日期、最迟(Late)日期、基线(Baseline)日期、计划(Scheduled)日期和实际(Actual)日期。

1. 周期(持续时间)

指完成工作所需的时间。

(1)计划周期，一般把一个活动的周期看作是一个不变的数字。

(2)剩余周期，指该活动的计划周期减去该活动已经消耗的时间，或者可以根据目前承担该工作所获得的知识来重新估算。

(3)实际周期，在工作完成后记录，便于项目控制。

2. 最早和最迟时间

(1)最早时间：

①最早开始时间(early start date)：每一个活动可能开始的最早的时间。

②最早结束时间(early finish date)：最早开始时间加上估算的周期。

(2)最迟时间：

①最迟结束时间(late finish date)：活动结束的最迟时间。

②最迟开始时间(late start date)：最迟结束时间减去估算的周期。

(3)时差＝最迟开始时间－最早开始时间。

①时差为零的活动是关键活动，其周期决定了项目的总工期。

②关键线路(Critical Path)，指一系列的时差为零的关键活动，使得项目的总工期最短。

③松弛活动，具有很大时差。可以通过它们来填补由关键路线造成的资源需求缺口来平衡资源。

④准关键(Near Critical)活动，时差很小。应该和关键活动一样的重视。

3. 计划、基线和计划安排时间

这些时间介于最早时间和最晚时间之间，成为计划日期(Planned Dates)。

(1)基准日期(Baseline Date)：项目开始时的计划日期。

(2)计划安排日期(Scheduled Date)：项目当前的计划日期。

4. 其他计划时间

在一个完整的进度计划系统中,与每个活动相关的日期和时间可多达 15 个。
与活动相关的计划时间有:

最早开始	最迟开始	基线开始	计划开始	实际开始
周期	时差	基线时差	剩余时差	剩余周期
最早结束	最迟结束	基线结束	计划结束	实际结束

(五)网络图

网络计划技术借助网络图对项目的进行过程及其内在逻辑关系进行综合描述。
网络图由圆圈、箭线与箭线连成的路线组成。
节点:两条或两条以上箭线的交节点的圆圈。

1. 网络图分类

网络图分为两大类:节点式(以节点表示活动)和箭线式(以箭线表示活动)。

(1)节点式网络(单代号网络)

活动用方框表示,如同逻辑依存关系一样,显示出一个活动紧随另一个活动的节点式关系。图 2—6 即为一个简单的节点式网络。

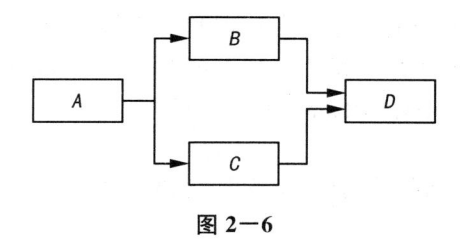

图 2—6

活动的逻辑依存关系有如图 2—7 所示的四种类型:

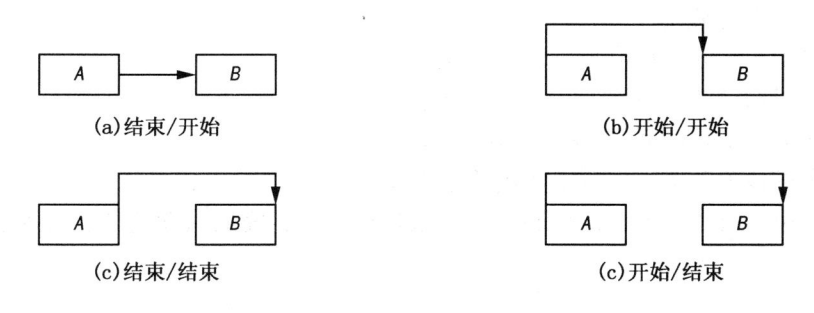

(a)结束/开始　　　　　　　　　(b)开始/开始

(c)结束/结束　　　　　　　　　(c)开始/结束

图 2—7

(a)最为常见。
(b)和(c)最自然,允许某项工作和其紧后工作在某种程度上可以同时进行,可以使项目跟踪和项目设施的建立更为便捷。
(d)的建立只是完全数学意义上的,现实生活中比较少见。

(2)箭线式网络(双代号网络)

- 每个活动都由两个数字(i,j)(开始/结束)来定义。
- 活动由连接两个节点的弧表示。

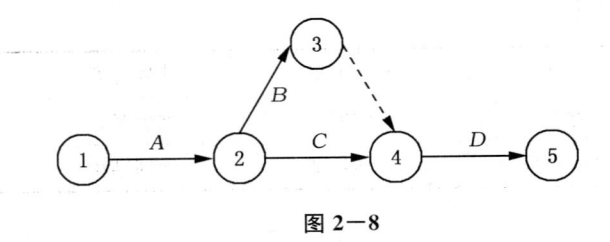

图 2-8

2. 网络图绘制规则

绘制网络图需要遵守下列规则(以箭线式网络图为例):

(1)网络图是有向图,图中不能出现回路;

(2)活动与箭线一一对应,每项活动在网络图上必须也只能用连接两节点的一根箭线表示;

(3)两个相邻节点间只允许有一条箭线直接相连。平行活动可引入虚线,以保证这一规则不被破坏;

(4)箭线必须从一个节点开始,到另一个节点结束,不能从一条箭线中间引出其他箭线;

(5)每个网络图必须也只能有一个始点事项和一个终点事项。不允许出现没有先行事项或没有后续事项的中间事项,可以将没有先行事项的节点用虚箭线同网络始点事项连接起来,将没有后续事项的节点用虚箭线同终点事项连接起来。

3. 网络的时间计算

网络的时间计算主要包括作业时间、节点时间和活动时间的计算,此外还需要考虑时差,并求出关键路线。

(1)作业时间计算

作业时间:完成一项活动所需的时间,即一项活动的延续时间。一般来说,作业时间是这些活动所需的工时定额。

估计确定作业时间一般有以下两种方法:

① 单一时间估计法

对各项活动的工作时间,仅确定一个时间值。

一般以完成各项活动可能性最大的作业时间为准。

该方法适用于有类似的工时资料或经验数据可借鉴且完成活动的各有关因素比较确定的情况下使用。

② 三点估计法

对于不确定性较大的问题,可预先估计三个时间值,然后应用概率的方法计算各项活动作业时间的平均值和方差。

- 最乐观时间,指在顺利情况下的最快可能完成时间,以 a 表示;
- 最保守时间,指在不利情况下的最慢可能完成时间,以 b 表示;
- 最可能时间,指在一般正常情况下的最大可能完成时间,以 m 表示。

作业时间的平均值和方差计算如下:

平均时间 $t=(a+4m+b)/6$

协方差 $\delta=(b-a)/6$

（2）节点时间计算

节点本身并不占用时间，只是表示某项活动应在某一时刻开始或结束。

节点时间有两个：节点最早实现时间和节点最迟实现时间。

①节点最早实现时间

从该节点出发，各项活动最早可能开工时间，等于从始点到该节点的各条路线上的最长先行路线上的作业之和。

设 $t_E(j)$ 表示节点 j 的最早实现时间，一般假设 $t_E(1)=0$，即始点的最早实现时间为零。

$$t_E(j)=\max_{(i,j)\in I}\{t_E(i)+t(i,j)\}$$

其中，$t(i,j)$ 为活动 (i,j) 的作业时间；

I 为构成项目的全部活动集合；

$t_E(j)$ 为节点 j 的最早实现时间。

【算例】

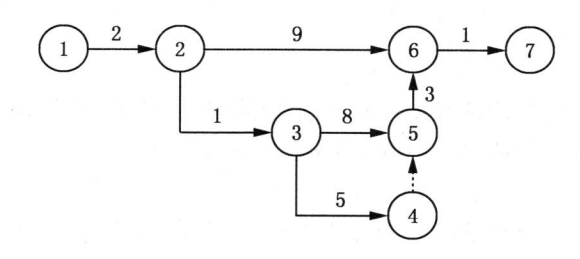

图 2-9

$t_E(1)=0$

$t_E(2)=t_E(1)+t(1,2)=0+2=2$

$t_E(3)=t_E(2)+t(2,3)=2+1=3$

$t_E(4)=t_E(3)+t(3,4)=3+5=8$

$t_E(5)=\max\{t_E(3)+t(3,5),t_E(4)+t(4,5)\}=\max\{3+8,8+0\}=11$

$t_E(6)=\max\{T_e(2)+t(2,6),t_E(5)+t(5,6)\}=\max\{2+9,11+3\}=14$

$t_E(7)=t_E(6)+t(6,7)=14+1=15$

该项目的完工工期是最后一个节点的计算结果，即：

$t_E(7)=15$

②节点最迟实现时间

指进入该节点的各个事项必须最迟完工的时间，若不完工将会影响后续活动的按时开工，使整个项目不能按期完成。

设 $t_L(i)$ 表示节点 i 的最迟实现时间，通常终点 n 的最迟实现时间等于终点的最早实现时间，即 $t_L(n)=t_E(n)$。

$$t_L(i)=\min_{(i,j)\in I}\{t_L(j)-t(i,j)\}$$

通常应用后退计算法，即从网络的终点开始，自右向左逐个计算。如上例中：

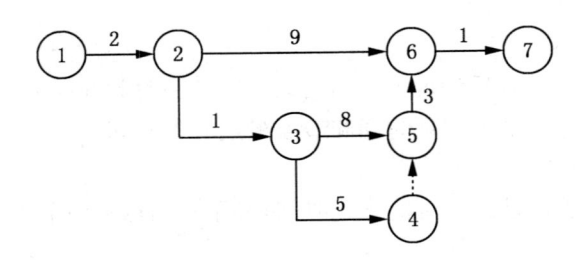

图 2—10

$t_L(7)=t_E(7)s=15$

$t_L(6)=t_L(7)-t(6,7)=15-1=14$

$t_L(5)=t_L(6)-t(5,6)=14-3=11$

$t_L(4)=t_L(5)=11$

$t_L(3)=\min\{t_L(5)-t(3,5),t_L(4)-t(3,4)\}=\min\{11-8,11-5\}=3$

$t_L(2)=\min\{t_L(6)-t(2,6),t_L(3)-t(2,3)\}=\min\{14-9,3-1\}=2$

$t_L(1)=t_L(2)-t(1,2)=2-2=0$

(3)活动时间计算

活动的最早开工时间指该活动最早可能开始的时间,代表该活动的箭线的箭尾节点的最早实现时间。设 $t_{ES}(i,j)$ 为活动 (i,j) 的最早开工时间,则:

$t_{ES}(i,j)=t_E(i)$

活动的最早完工时间指该活动可能完工的最早时间,等于该活动的最早开工时间加上其作业时间。设 $t_{EF}(i,j)$ 为活动 (i,j) 的最早完工时间,则:

$t_{EF}(i,j)=t_{ES}(i,j)+t(i,j)$

或

$t_{EF}(i,j)=t_E(i)+t(i,j)$

活动的最迟开工时间指为了不影响紧后作业的如期开工,而最迟必须开工的时间。通过箭头节点的最迟实现时间减去该作业时间而得到。设 $t_{LS}(i,j)$ 为活动 (i,j) 的最迟开工时间,则:

$t_{LS}(i,j)=t_L(j)-t(i,j)$

活动的最迟完工时间指该活动最迟开工时间与其作业之和。设 $t_{LF}(i,j)$ 为活动 (i,j) 的最迟完工时间,则:

$t_{LF}(i,j)=t_L(j)$

或

$t_{LF}(i,j)=t_{LS}(i,j)+t(i,j)$

①时差与关键路线

活动总时差指不影响整个项目完工时间的条件下,某项活动最迟开工时间与最早开工时间的差。表明该活动开工时间允许推迟的最大限度,也称为"宽裕时间"或"富余时间"。设活动 (i,j) 的总时差为 $S(i,j)$,则:

$S(i,j)=t_{LS}(i,j)-t_{ES}(i,j)$

活动单时差指在不影响下一个活动的最早开工时间的前提下,该活动的完工期可能有的

机动时间,也称为"自由富余时间"。设活动(i,j)的单时差为$r(i,j)$,则:
$$r(i,j)=t_{ES}(j,k)-t_{EF}(i,j)$$
其中,$t_{ES}(j,k)$表示紧后作业的最早开工时间。

关键活动指总时差为零的活动;关键节点指时差为零的节点;关键路线指一个从始点到终点,沿箭头方向由时差为零的关键活动所组成的线路。因此,一个活动(i,j)在关键路线上的必要条件为:

(a)$t_E(i)=t_L(i)$;
(b)$t_E(j)=t_L(j)$;
(c)$t_E(j)-t_E(i)=t_L(j)-t_L(i)=t(i,j)$。

关键路线通常是从始点到终点时间最长的路线。要想缩短整个项目的工期,必须在关键路线上想办法。

网络时间的计算方法
②当网络图上的节点不太多时,可采用下列两种方法:
- 图上计算法:在网络图上直接进行计算,并把计算结果标在图上。
- 表上计算法:网络时间参数的表上计算,如图2—11所示。

紧前工作数	(i,j)	$t(i,j)$	$t_{ES}(i,j)$	$t_{EF}(i,j)$	$t_{LS}(i,j)$	$t_{LF}(i,j)$	$S(i,j)$	$r(i,j)$
一	二	三	四	五	六	七	八	九
无	(1,2)	2	0	2	0	2	0	0
1	(2,3)	1	2	3	2	3	0	0
1	(2,6)	9	2	11	5	14	3	3
1	(3,4)	5	3	8	6	11	3	0
1	(3,5)	8	3	11	3	11	0	0
1	(4,5)	0	8	8	11	11	3	3
2	(5,6)	3	11	14	11	14	0	0
2	(6,7)	1	14	15	14	15	0	0
1	(7)		15					

图2—11

【示例】

某工程网络计划如图2—12所示,全部任务要求12天完成。假定开工第5天检查计划进度执行情况,实际进度如图中的点线所示。其中[ ]内的数字表示第5天时尚需要的作业天数。

图 2—12

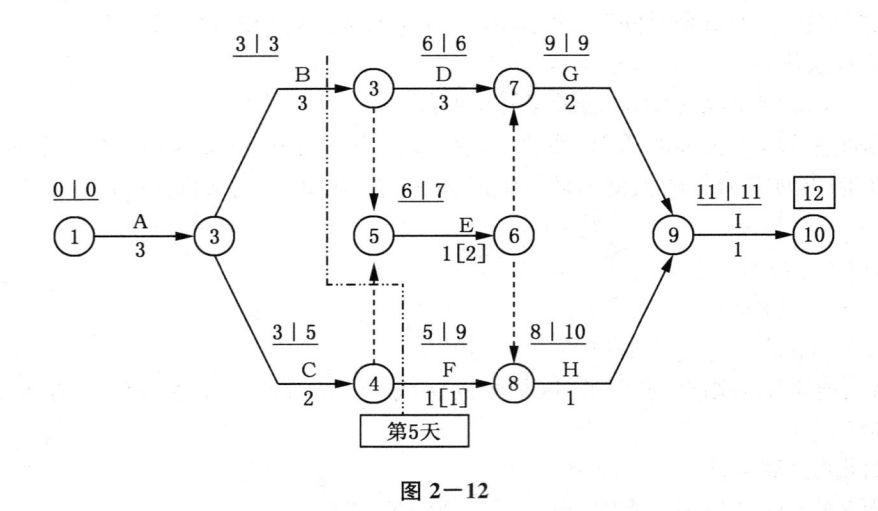

检查方法：首先检查关键线路，分析进度是否正常，然后检查非关键线路上工作的进度，分析它们提前和拖后的情况。检查结果如表 2—1 所示。

表 2—1

工作编号	工作名称	在第 5 天时尚需作业天数	按计划最迟完成前尚有天数	目前尚有总时差天数	原有总时差天数	情况分析
[2,3]	B	1	6-5=1	1-1=0	0	正常
[4,8]	F	1	10-5=5	5-1=4	4	正常

从表 2—1 中可以看出关键线路上(2,3)工作情况正常，非关键线路(4,8)工作情况也属正常。如果"目前尚有总时差天数"出现负值，则说明计划拖延了，或者虽然尚有机动时间，但与原有总时差天数比较有所减少，那么需要分析该工作拖延的原因和继续进行能否保证不因机动时间减少而影响工期。

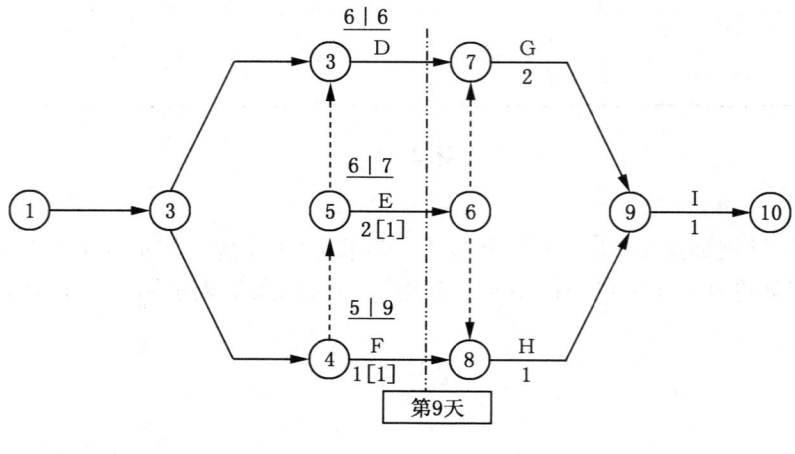

图 2—13

表 2-2

工作编号	工作名称	在第5天时尚需作业天数	按计划最迟完成前尚有天数	目前尚有总时差天数	原有总时差天数	情况分析
[3,7]	D	1	9−9=0	0−1=−1	0	拖期1天
[4,8]	F	1	10−9=1	1−1=0	4	正常
[5,6]	E	1	9−9=0	0−1=−1	1	拖期1天

关键线路上 D 工作(3,7)拖延了1天,而非关键线路上 F 工作的机动时间少了4天,工作 E 出现了负值,说明该工作拖延了。

由于关键线路上的工作 D 拖延影响总工期延长了1天(如图2−13所示)。此时必须对关键线路上的后续工作采取措施加快1天,以保证原计划工期。同时,工作 E 也必须保证在1天内完成,否则总工期还是要拖延。比较可行的办法是加快工作 G(7,9)的作业时间。

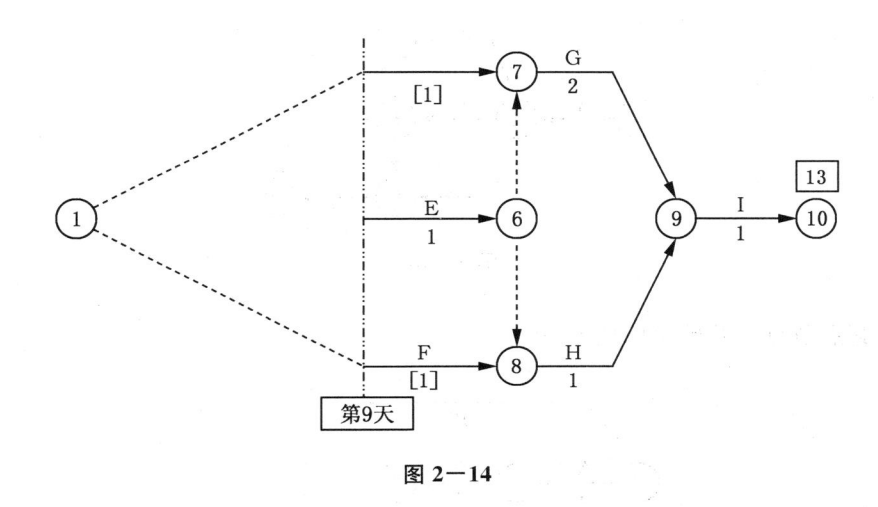

图 2−14

- 对非关键线路上工作的检查与调整

当非关键线路上某些活动的作业时间延长,但不超过时差范围时,不会导致整个项目延期,计划也就不必调整。如表中的 F 活动。

当非关键线路上某些活动的作业时间延长且超过时差范围时,则势必会影响整个项目进度,关键线路就会转移。如表中 E 工作超过原时差范围上升为关键作业。就要采取前面介绍的关键线路的调整方法了。

表 2-3

工作编号	工作名称	在第5天时尚需作业天数	按计划最迟完成前尚有天数	目前尚有总时差天数	原有总时差天数	情况分析
[3,7]	D	1	9−9=0	0−1=−1	0	拖期1天
[4,8]	F	1	10−9=1	1−1=0	4	正常
[5,6]	E	1	9−9=0	0−1=−1	1	拖期1天

- 增加工作的调整方法(示例)

某项目网络由 A、B、C、D 四项活动组成。

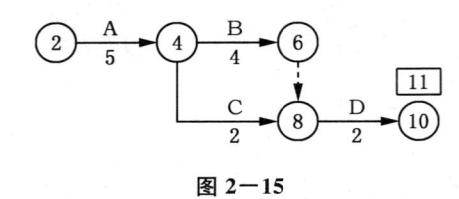

图 2—15

在执行过程中发现 A 活动完成后与 C、B 同时进行的还有 E 活动，否则 D 活动不能开始。因此需要增加 E 活动。由于在原网络计划编号时考虑了增加工作的可能性，留有备用号，此时仅需增加工作箭线和节点并补上一个空号即可。

可以看出，增加的 E 活动的作业时间大于 B 活动，故关键线路转移到 E 活动上了，总工期也相应地延长了 1 天。

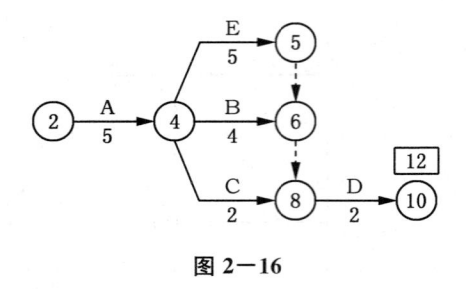

图 2—16

如果从起点节点一开始就增加 E 活动。

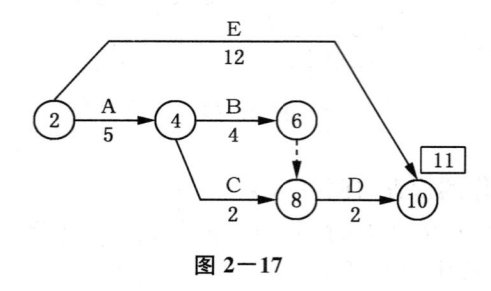

图 2—17

综上所述，在计划执行中的调整，主要有以下三种情况：

将因某种原因需要取消的工作从原网络图中删除；

由于编制网络计划时考虑不周或因设计变更，需要在网络图上增加新工作；

由于实际项目进度有提前或拖期现象，要修正某些活动的作业时间。

【例子】

宝钢冶金建设公司在时标网络计划上引入了一个新概念，叫作实际进度前锋线。实际进度前锋线是指项目进程中某一时刻各活动实际进度到达点的连线。它自上而下依次连接的各条线路的实际进度到达点，通常形成一条折线，形象地表示出该时刻整个项目的实际进度到达的"前锋"。

线路与前锋线的交点正好在检查日期线上，表示进度正常；在检查日期线前（右方）表示进

实验二　基本项目任务和项目中的任务关系

度提前,在后(左方)表示拖延。

按照一定时间检查进度,画出各个时刻的实际进度前锋线便可描述出网络计划各个阶段的执行动态。

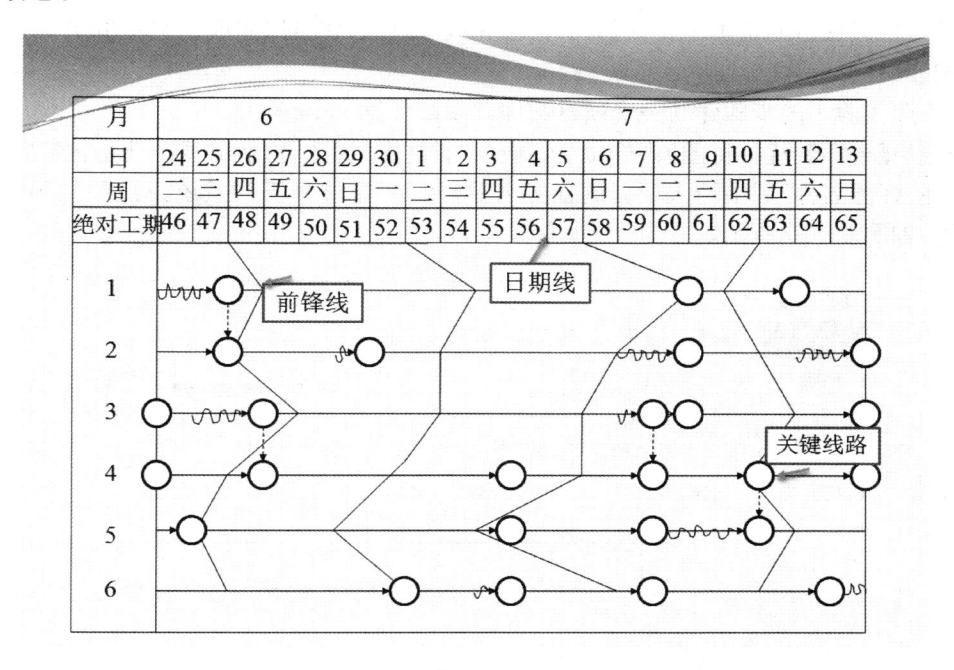

图 2—18

在网络计划执行管理工作中,及时掌握计划执行情况并对计划做出必要的调整,无疑是非常重要的工作。但如何防止计划多变,对出现的问题及时加以处理以保证进度按原计划实现,却是更为重要的问题。

防止计划多变,就要改进计划的编制工作,提高计划的质量。

首先要求较好地掌握项目的环境条件,对各种条件进行深入的调查落实并做出有根据的预测,据此制定实施方案,适当留有余地,以使编制的网络计划切实可行;

其次要使计划得到贯彻执行。

为了及时地发现和处理计划执行中发生的各种问题,就必须加强项目的调度工作。

调度工作的主要任务：

一是落实材料和加工订货,组织物质资源进场;

二是落实劳动力,组织劳动力平衡工作;

三是检查计划执行情况,掌握项目动态;

四是预测计划执行中可能出现的问题;

五是及时采取措施,扫除实施过程中的一切障碍,保证计划实现;

六是召开调度会议,必要时使用调度手段,下达调度命令。

调度工作一般采用调度会议或生产碰头会形式,汇报实施执行情况和存在的问题,共同研究分析提前和拖后的主要原因,综合平衡后提出解决办法和应采取的措施,最后做出调度决议贯彻执行。

四、实验步骤

(一)创建项目任务

任务是构成项目的基本单元,所有的任务完成了,项目才可以完成。实验步骤如下:

1. 任务建立

(1)按照实验1的步骤建立一个项目文件:"系统开发.mpp"并打开。

(2)选择【视图】→【甘特图】菜单命令切换到"甘特图"视图,默认的视图就是甘特图。

(3)在"任务名称"域中输入项目的任务名称,例如"需求分析""系统设计""编码""测试""提交"等,如图2—19所示。

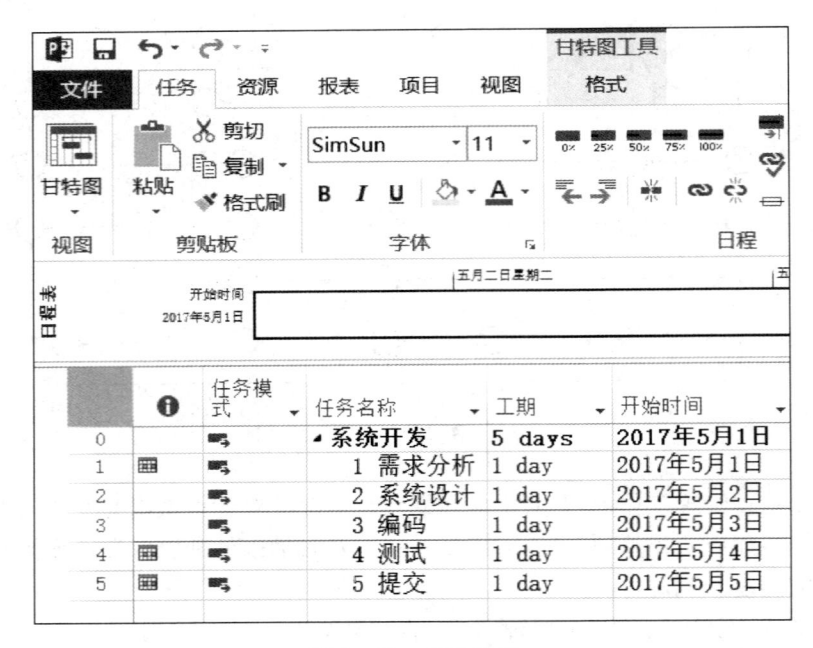

图2—19 创建任务

2. 里程碑建立

可以将编码完成后的任务设置为里程碑任务,双击"编码"任务,弹出如图2—20所示的对话框,选择【高级】选项卡,在左下角选中"标记为里程碑"复选框。

3. 增加任务,建立大纲结构

前面建立的任务基本上是摘要任务,为此需要增加任务,为了很好地组织和管理任务,最好是采用大纲结构,即通过创建摘要任务和子任务来组织项目结构,摘要任务是由子任务组成并对子任务进行汇总的任务。

(1)在"任务名称"域中选择"编码"任务,选择【插入】→【新任务】,建立新任务"界面设计",同样插入其他任务"结构设计""数据设计"等。

(2)重复上步,直到加入所有的任务。

(3)在"任务名称"域中选择"界面设计""结构设计""数据设计",单击【项目】→【大纲】→【降级】命令,进行降级,如图2—21所示。

(4)同理,完成其他任务的升级或者降级。

实验二 基本项目任务和项目中的任务关系　　27

图 2—20　设置里程碑

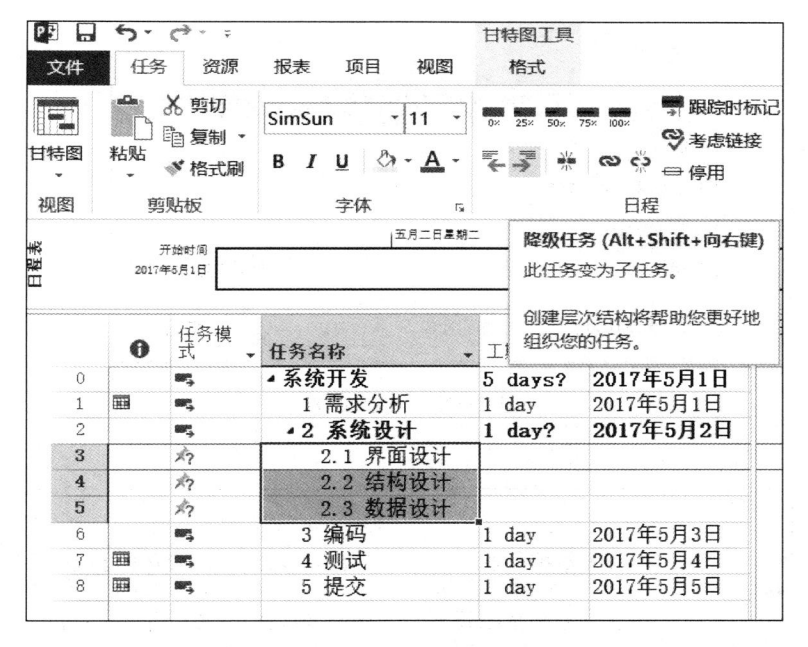

图 2—21　建立大纲结构

设置好项目任务的分级结构以后,可以很容易看清楚任务之间的顺序。

(二)任务分解

将创建好的任务,可以进一步分解,完成 WBS。在 MS Project 中可以为每项任务建立 WBS。实验步骤如下:

1. 右键单击"任务名称"域的列标题;
2. 选择【插入】→【列】命令,在"域名称"列表框中选择 WBS 选项,如图 2—22 所示;
3. 右键单击 WBS 列,选择【域设定】,弹出图 2—23 的对话框,在"对齐数据"列表框中选

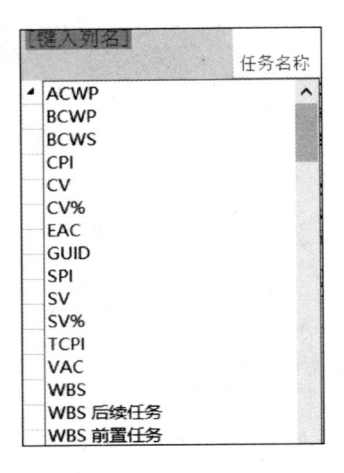

图 2-22 插入 WBS 列

择"居中"选项；

4. 单击"最佳匹配"按钮，生成图 2-24 所示的具有 WBS 的甘特图。

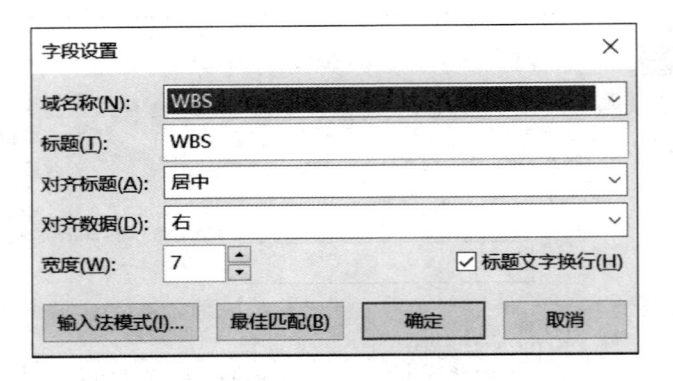

图 2-23 创建 WBS

任务模式	WBS	任务名称	工期	开始时间
➡	0	▲系统开发	5 days?	2017年5月1日
➡	1	1 需求分析	1 day	2017年5月1日
➡	2	▲2 系统设计	1 day?	2017年5月2日
⬚?	2.1	2.1 界面设计		
⬚?	2.2	2.2 结构设计		
⬚?	2.3	2.3 数据设计		
➡	3	3 编码	1 day	2017年5月3日
➡	4	4 测试	1 day	2017年5月4日
➡	5	5 提交	1 day	2017年5月5日

图 2-24 具有 WBS 的甘特图

（三）安排任务工期

任务创建和分解后，需要为所有的任务安排工期，以便确定项目的完成时间，首先确定任

务的类型,包括固定单位任务、固定工期任务和固定工时任务。实验步骤如下:

1. 安排任务的进度

可以采用三种方法为任务制定工期:第一,在甘特图表中的"工期"域直接输入工期。第二,用鼠标左键拖动甘特图的任务条形图,通过改变其长度来改变其工期。第三,使用"任务信息"对话框设置工期。

(1)双击甘特图中"任务名称"域中"需求讨论"子任务,出现图2-25对话框,设置子任务的工期,摘要任务是其子任务的时间总和。

(2)单击"工期"微调框中的箭头可以修改工期。

(3)单击【确定】按钮,甘特图的长度反映了任务工期的长度。如图2-26所示。

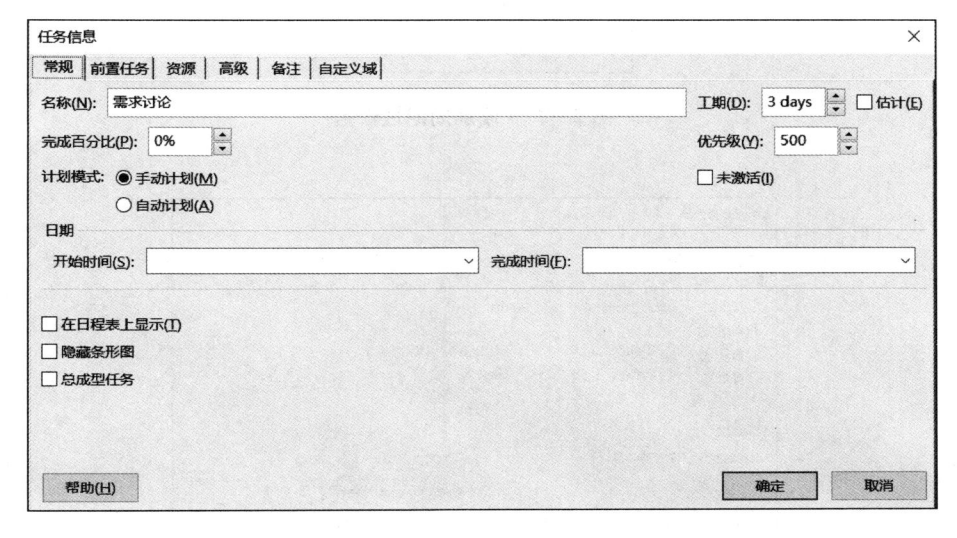

图 2-25 设置子任务的工期

图 2-26 调整任务的工期,项目甘特图

2. 周期性任务

在【任务】选项卡下,点击任务周期添加周期性任务,如图2-27所示。在项目的任务中插入周期性任务,例如每周五的周例会,如图2-28所示。

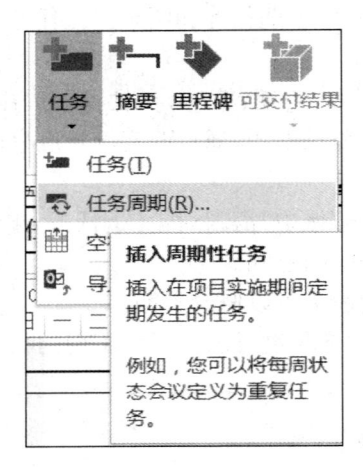

图 2—27　添加周期性任务

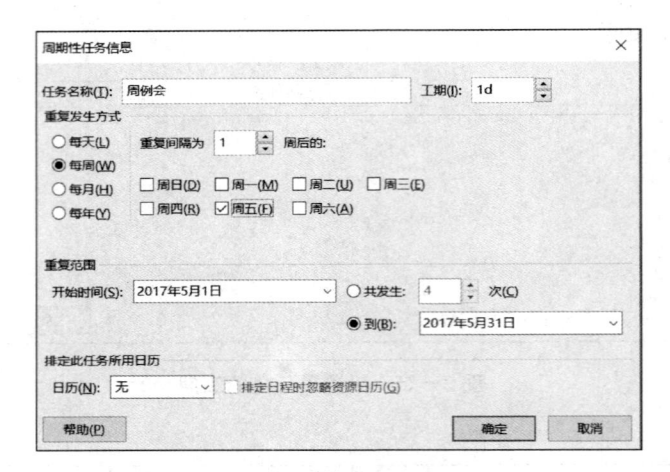

图 2—28　添加周期性任务

实验三

项目进度计划的制定

一、实验目的

掌握活动工作分派的方法；掌握如何建立资源，以及如何将资源分派到任务中；了解项目的资源分派情形。

二、实验内容

（1）将项目任务分派给小组成员；
（2）建立资源，并将资源分派到任务中。

三、知识准备

所谓项目规划，就是根据项目目标，策划并安排在项目中从事哪些活动，运用哪些资源，拟定执行程序，从而实现项目的目标。

当项目目标确定后，为实现此目标，应进行一系列的工作，要使这些工作执行起来，必须投入人力、物力和财力资源，这些工作务必在一定程序和步骤下进行，才能使资源有效运用，从而实现项目目标。

项目进度计划是在拟定年度或实施阶段完成投资的基础上，根据相应的工程量和工期要求，对各项工作的起止时间、相互衔接协调关系所拟定计划，同时对完成各项工作所需的劳力、材料、设备的供应做出具体安排。

项目进度计划管理的目的：

第一，保证按时获利以补偿已经发生的费用支出；
第二，协调资源；
第三，使资源在需要时可以获得利用；
第四，预测在不同时间所需要的资金和资源的级别以便赋予项目不同的优先级；
第五，满足严格的完工时间约束。

项目进度计划是指在确保合同工期和主要里程碑时间的前提下,对设计、采办和施工的各项作业进行时间和逻辑上的合理安排,以达到合理利用资源、降低费用支出和减少施工干扰的目的。按照项目不同阶段的先后顺序,分为以下几种计划:

(一)项目实施计划

承包商基于业主给定的重大里程碑时间(开工、完工、试运、投产),根据自己在设计、采办、施工等各方面的资源,综合考虑国内外局势以及项目所在国的社会及经济情况制定出总体实施计划。该计划明确了人员设备动迁、营地建设、设备与材料运输、开工、主体施工、机械完工、试运、投产和移交等各方面工作的计划安排。

(二)详细的执行计划(目标计划)

由承包商在授标后一段时间内(一般是一个月)向工程师递交的进度计划。该计划是建立在项目实施计划基础之上,根据设计部提出的项目设计文件清单和设备材料的采办清单,以及施工部提出的项目施工部署,制定出详细的工作分解,再根据施工网络技术原理,按照紧前紧后工序编制完成。该计划在工程师批准后即构成正式的目标计划予以执行。

(三)详细的执行计划(更新计划)

在目标计划的执行过程中,通过对实施过程的跟踪检查,找出实际进度与计划进度之间的偏差,分析偏差原因并找出解决办法。如果无法完成原来的目标计划,那么必须修改原来的计划形成更新计划。更新计划是依据实际情况对目标计划进行的调整,更新计划的批准将意味着目标计划中逻辑关系、工作时段、业主供货时间等方面修改计划的批准。

1. 制定方法

(1)关键日期表

这是最简单的一种进度计划表,它只列出一些关键活动和进行的日期。

(2)甘特图

也叫做线条图或横道图,它是以横线来表示每项活动的起止时间。甘特图的优点是简单、明了、直观,易于编制,因此到目前为止仍然是小型项目中常用的工具。即使在大型工程项目中,它也是高级管理层了解全局、基层安排进度时有用的工具。

在甘特图上,可以看出各项活动的开始和终了时间。在绘制各项活动的起止时间时,也考虑它们的先后顺序。但各项活动之间的关系却没有表示出来,同时也没有指出影响项目寿命周期的关键所在。因此,对于复杂的项目来说,甘特图就显得不足以适应。

(3)关键路线法

关键路线法的英文为 Critical Path Method,简称 CPM。

(4)计划评审技术

此外,后来还陆续提出了一些新的网络技术,如 GERT(Graphical Evaluation and Review Technique,图示评审技术)、VERT(Venture Evaluation and Review Technique,风险评审技术)等。

很显然,采用以上几种不同的进度计划方法本身所需的时间和费用是不同的。关键日期表编制时间最短,费用最低。甘特图所需时间要长一些,费用也高一些。CPM要把每个活动都加以分析,如活动数目较多,还需用计算机求出总工期和关键路线,因此花费的时间和费用将更多。PERT法可以说是制订项目进度计划方法中最复杂的一种,所以花费的时间和费用也最多。

2. 项目进度计划制订需要考虑的要素

(1)项目的规模大小

很显然,小项目应采用简单的进度计划方法,大项目为了保证按期按质达到项目目标,就需考虑用较复杂的进度计划方法。

(2)项目的复杂程度

这里应该注意到,项目的规模并不一定总是与项目的复杂程度成正比。例如修一条公路,规模虽然不小,但并不太复杂,可以用较简单的进度计划方法。而研制一个小型的电子仪器,要很复杂的步骤和很多专业知识,可能就需要较复杂的进度计划方法。

(3)项目的紧急性

在项目急需进行,特别是在开始阶段,需要对各项工作发布指示,以便尽早开始工作,此时,如果用很长时间去编制进度计划,就会延误时间。

(4)对项目细节掌握的程度

如果在开始阶段项目的细节无法解明,CPM 和 PERT 法就无法应用。

(5)总进度是否由一二项关键事项所决定

如果项目进行过程中有一二项活动需要花费很长时间,而这期间可把其他准备工作都安排好,那么对其他工作就不必编制详细复杂的进度计划了。

(6)有无相应的技术力量和设备

例如,没有计算机,CPM 和 PERT 进度计划方法有时就难以应用。而如果没有受过良好训练的合格的技术人员,也无法胜任用复杂的方法编制进度计划。

此外,根据情况不同,还需考虑客户的要求,能够用在进度计划上的预算等因素。到底采用哪一种方法来编制进度计划,要全面考虑以上各个因素。

3. 时间参数

(1)工期

①工期是完成活动所必需的时间。

②在每个活动开始之前,都有一个估算的周期,而在每个活动开始之后完成之前,我们也可以估算剩余周期。

③一旦活动已经完成,我们就可以记录实际周期。

(2)最早开始时间和最早结束时间

①最早开始时间(Earliest Start-time,ES)和最早结束时间(Earliest Finish-time,EF)。

②ES 是指某项活动能够开始的最早时间。

③EF 是指某一活动能够完成的最早时间,它可以在这项活动最早开始时间的基础上加上这项活动的工期估计计算出来。

④EF=ES+工期估计。

(3)最迟结束时间和最迟开始时间

①最迟结束时间(Latest Finish-time,LF)和最迟开始时间(Latest Start-time,LS)。

②LF 是指为了使项目在要求完工时间内完成,某项活动必须完成的最迟时间。

③LS 是指为了使项目在要求完工的时间内完成,某项活动必须开始的最迟时间。

④LS= LF-工期估计。

(4)时差(Float or Slack)

①如果最迟开始时间与最早开始时间不同,那么该活动的开始时间就可以浮动,称之为时差。

②时差＝最迟开始时间－最早开始时间。
③时差＝最迟结束时间－最早结束时间。
(5)计划、基线和计划安排时间
①计划时间是在最早和最迟时间之间的，我们选择用以完成工作的时间。
②纪录最初的计划日期就是基线日期。
③当前的计划就是计划安排日期。
(6)其他计划时间
①在一个完整的进度计划系统中，与每个活动相关的日期和时间可多达15个。
②安排项目进度计划的过程就是给这些日期和时间赋值。
③第一步是估算周期。
④第二步是赋予该工作开始和结束时间。

4. 项目进度制定步骤

(1)编制进度计划

编制进度计划前要进行详细的项目结构分析，系统地剖析整个项目结构构成，包括实施过程和细节，系统规则地分解项目。项目结构分解的工具是工作分解结构WBS原理，它是一个分级的树型结构，是将项目按照其内在结构和实施过程的顺序进行逐层分解而形成的结构示意图。通过项目WBS分解将项目分解到内容单一的、相对独立的、易于成本核算与检查的项目单元，做到明确单元之间的逻辑关系与工作关系，做到每个单元具体地落实到责任者，并能进行各部门、各专业的协调。进度计划编制的主要依据是：项目目标范围；工期的要求；项目特点；项目的内外部条件；项目结构分解单元；项目对各项工作的时间估计；项目的资源供应状况等。进度计划编制要与费用、质量、安全等目标相协调，充分考虑客观条件和风险预计，确保项目目标的实现。进度计划编制主要工具是网络计划图和横道图，通过绘制网络计划图，确定关键路线和关键工作。根据总进度计划，制定出项目资源总计划，费用总计划，把这些总计划分解到每年、每季度、每月、每旬等各阶段，从而进行项目实施过程的依据与控制。

(2)成立进度控制管理小组

成立以项目经理为组长，以项目副经理为常务副组长，以各职能部门负责人为副组长，以各单元工作负责人、各班组长等为组员的控制管理小组。小组成员分工明确，责任清晰；定期不定期召开会议，严格执行讨论、分析、制定对策、执行、反馈的工作制度。

(3)制定控制流程

控制流程运用了系统原理、动态控制原理、封闭循环原理、信息原理、弹性原理等。编制计划的对象由大到小，计划的内容从粗到细，形成了项目计划系统；控制是随着项目的进行而不断进行的，是个动态过程；由计划编制到计划实施、计划调整再到计划编制这么一个不断循环过程，直到目标的实现；计划实施与控制过程需要不断地进行信息的传递与反馈，也是信息的传递与反馈过程；同时，计划编制时也考虑到各种风险的存在，使进度留有余地，具有一定的弹性，进度控制时，可利用这些弹性，缩短工作持续时间，或改变工作之间的搭接关系，确保项目工期目标的实现。

(4)影响因素分析

影响因素主要有人、料、机、工艺、环境、资金等方面。每项工作开始之前，控制管理小组组长即项目经理组织相关人员，运用头脑风暴法，结合各成员各自的工作经验，对潜在的、可能影响到各工作目标实现的各种因素进行预见性分析、研究、归纳并制定出解决措施，责任到人，进行落实实施。

5. 项目进度实施

计划要起到应有的效应,就必须采取措施,使之得以顺利实施,实施主要有组织措施、技术措施、经济措施、管理措施。组织措施包括落实各层次的控制人员、具体任务和工作责任;建立进度控制的组织系统,确定事前控制、事中控制、事后控制、协调会议、集体决策等进度控制工作制度;监测计划的执行情况,分析与控制计划执行情况等。经济措施包括实现项目进度计划的资金保证措施,资源供应及时的措施,实施激励机制。技术措施包括采取加快项目进度的技术方法。管理措施包括加强合同管理、信息管理、沟通管理、资料管理等综合管理,协调参与项目的各有关单位、部门和人员之间的利益关系,使之有利于项目进展。

6. 进度动态监测

项目实施过程中要对施工进展状态进行观测,掌握进展动态,对项目进展状态的观测通常采用日常观测和定期观测方法。日常观测法是指随着项目的进展,不断观测记录每一项工作的实际开始时间、实际完成时间、实际进展时间、实际消耗的资源、目前状况等内容,以此作为进度控制的依据。定期观测是指每隔一定时间对项目进度计划执行情况进行一次较为全面的观测、检查;检查各工作之间逻辑关系的变化,检查各工作的进度和关键线路的变化情况,以便更好地发掘潜力,调整或优化资源。

7. 进度分析比较和更新

进度控制的核心就是将项目的实际进度与计划进度进行不断分析比较,不断进行进度计划的更新。进度分析比较的方法主要采用横道图比较法,就是将在项目进展中通过观测、检查、搜集到的信息,经整理后直接用横道图并列标于原计划的横道线一起,进行直观比较。通过分析比较,分析进度偏差的影响,找出原因,以保证工期不变、保证质量安全和所耗费用最少为目标,制定对策,指定专人负责落实,并对项目进度计划进行适当调整更新。调整更新主要是关键工作的调整、非关键工作的调整、改变某些工作的逻辑关系、重新编制计划、资源调整等。

8. 进度控制管理

进度控制管理是采用科学的方法确定进度目标,编制进度计划与资源供应计划,进行进度控制,在与质量、费用、安全目标协调的基础上,实现工期目标。由于进度计划实施过程中目标明确,而资源有限,不确定因素多,干扰因素多,这些因素有客观的、主观的,主客观条件的不断变化,计划也随之改变。因此,在项目施工过程中必须不断掌握计划的实施状况,并将实际情况与计划进行对比分析,必要时采取有效措施,使项目进度按预定的目标进行,确保目标的实现。进度控制管理是动态的、全过程的管理,其主要方法是规划、控制、协调。

在项目进度过程中有人首先会强调了敏捷方法和传统的指令式项目管理方法在目的上的一致性,就是以达成项目目标(进度、成本、质量、团队等)为目的。但是他们是两种完全不同的解决思想的产物。所以"敏捷"的管理力度更强、更深入、全面和细致。而且从实际来看,敏捷的项目管理者并不需要拥有比传统方法的项目管理者更高的能力,相反还更轻松一点。

四、实验步骤:

(一)任务的链接

任务的链接是将任务与其他任务的时间安排联系在一起,通过任务的链接而得到任务的开始或者完成时间,特点是任务之间始终被这种特定的关系约束着。实验步骤如下:

1. 建立链接

(1)在"任务名称"列选择"需求讨论""编写需求规格""需求评审"三个任务。

(2)单击"常见"工具栏中的【链接任务】按钮,即可以完成设置三个任务的"结束——开始"的关系。如图3—1所示。

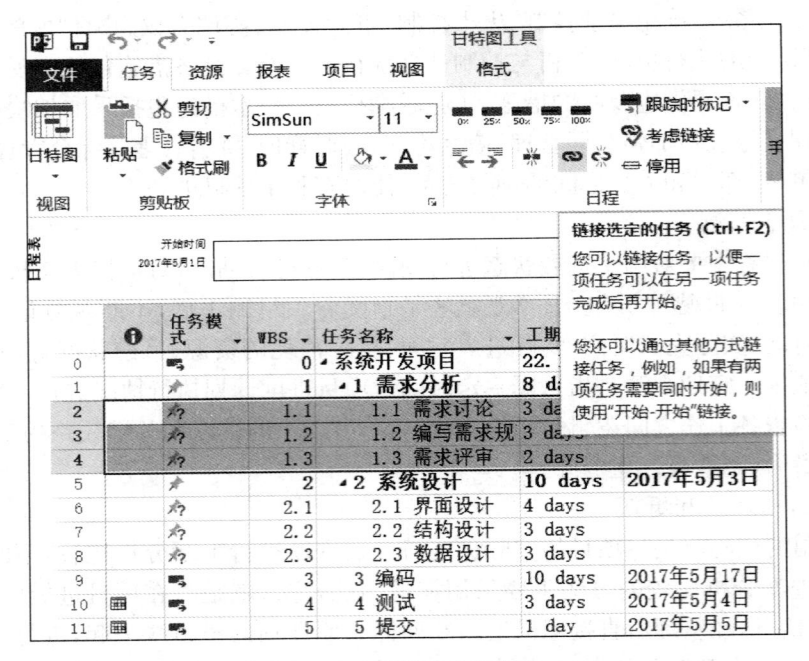

图3—1 链接选定的任务

2. 删除链接

(1)选择要取消链接的任务"需求讨论""编写需求规格"。

(2)单击"常用"工具栏取消任务链接按钮或者【编辑】→【取消任务链接】命令。

(二)资源分配

为了完成任务必须为项目中的任务分配资源,在Microsoft Project中可以建立资源库,然后将资源库中的资源与项目的任务联系起来,也就是说分配具体的人员、设备等来完成工作。实验步骤如下:

1. 建立资源库

(1)选择【视图】→【资源工作表】命令,切换到"资源工作表"视图。

(2)在视图表中输入项目所有的资源信息名称。

①输入资源"张三",设置其标准费率为100元/小时,加班费120元/小时;

②输入资源"李四",设置其标准费率为90元/小时,加班费120元/小时;

③输入资源"王五",设置其标准费率为110元/小时,加班费120元/小时。

(3)双击资源名称"张三",设置其资源日历,在资源信息对话框中的"工作时间"选项卡设置资源日历,将"2017—05—13"周六改为工作时间。如图3—2所示。

实验三　项目进度计划的制定

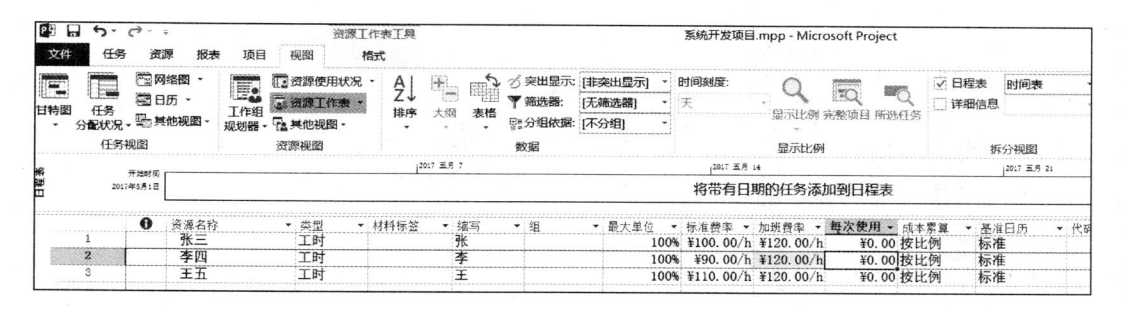

图 3－2　设置资源库

2. 为任务分配资源

合理地向任务分配资源才能有效地完成项目任务：

(1)切换到"甘特图"视图。

(2)选择第一个任务"需求讨论"，选择【资源】选项卡，点击【分配资源】。

(3)在"分配资源"对话框，选择分配该任务的资源：张三、李四。

(4)单击【分配】按钮，完成该任务的分配工作。

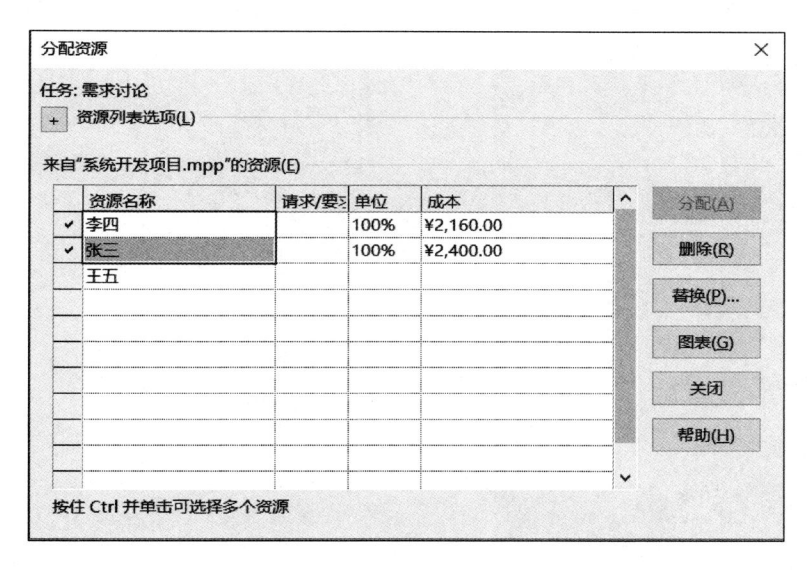

图 3－3　任务分配

(5)依次选中其他的任务，重复(2)→(4)直到所有的任务都分配了资源，见图 3－4。

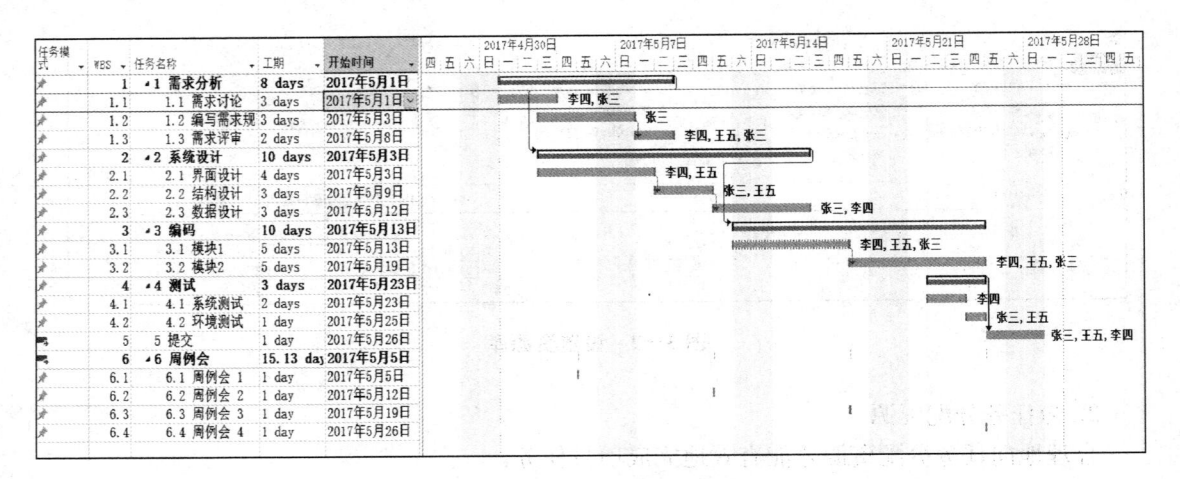

任务模式	WBS	任务名称	工期	开始时间
	1	◢1 需求分析	8 days	2017年5月1日
	1.1	1.1 需求讨论	3 days	2017年5月1日
	1.2	1.2 编写需求规	3 days	2017年5月3日
	1.3	1.3 需求评审	2 days	2017年5月8日
	2	◢2 系统设计	10 days	2017年5月3日
	2.1	2.1 界面设计	4 days	2017年5月3日
	2.2	2.2 结构设计	3 days	2017年5月9日
	2.3	2.3 数据设计	3 days	2017年5月12日
	3	◢3 编码	10 days	2017年5月13日
	3.1	3.1 模块1	5 days	2017年5月13日
	3.2	3.2 模块2	5 days	2017年5月19日
	4	◢4 测试	3 days	2017年5月23日
	4.1	4.1 系统测试	2 days	2017年5月23日
	4.2	4.2 环境测试	1 day	2017年5月25日
	5	5 提交	1 day	2017年5月26日
	6	◢6 周例会	15.13 day	2017年5月5日
	6.1	6.1 周例会 1	1 day	2017年5月5日
	6.2	6.2 周例会 2	1 day	2017年5月12日
	6.3	6.3 周例会 3	1 day	2017年5月19日
	6.4	6.4 周例会 4	1 day	2017年5月26日

图 3－4　分配资源

实验四

项目时间管理

一、实验目的

了解 Project 项目时间管理的内容。

二、实验内容

对项目管理文件进行时间管理相关操作。

三、知识准备

项目时间管理各过程包括：活动定义、活动排序、活动资源估算、活动持续时间估算、制定进度表、进度控制。在制定项目管理计划的过程中，已开始了一部分的时间管理工作，项目管理计划的成果中有一份进度管理计划。它确定了制定项目进度表的格式与控制项目进度的准则，这就是项目时间管理。

项目时间管理主要包含六个阶段，分别是活动定义、活动排序、活动资源估算、活动持续时间估算、制定进度表、进度控制。它贯穿了项目时间管理的从始到终，对项目时间管理的科学化管理起到了重要的作用。

(1)活动定义。活动定义就是为确定产生项目各种可交付成果而必须进行的具体计划活动。活动定义过程识别处于 WBS 最下层，即称为工作包的可交付成果，将工作包分解为更小的组成部分，这个更小的组织部分称为：计划活动，其目的是为估算、安排进度、执行、监控项目工作奠定基础。

(2)活动排序，活动排序指识别与记载计划活动之间的逻辑关系。项目活动是确定为项目各种可交付成果而必须进行的具体计划活动。将项目工作分解为更小、更易管理的工作包也叫活动或任务，这些小的活动应该是能够保障完成交付产品的可实施的详细任务。在项目实施中，要将所有活动列成一个明确的活动清单，并且让项目团队的每一个成员能够清楚有多少工作需要处理。活动清单应该采取文档形式，以便于项目其他过程的使用和管理。当然，随着项目活动分解的深入和细化，工作分解结构（WBS）可能会需要修改，这也会影响项目的其他部分。例如成本估算，在更详尽地考虑了活动后，成本可能会有所增加，因此完成活动定义后，要更新项目工作分解结构上的内容。

（3）活动资源估算。活动资源估算就是确定在实施项目活动时要使用何种资源，包括人员、设备、物资等，确定每一种资源使用的数量，以及何时用于项目计划活动。一般活动资源估算同费用估算过程紧密配合。活动资源估算的依据：本过程应属进度管理领域的规划过程，活动资源估算的工具与技术。多方案分析、出版的估算数据、项目管理软件、自下而上的估算、专家判断等活动资源估算的成果：资源分解结构、活动资源要求、资源日历、活动属性更新、请求的变更。

（4）活动持续时间的估算。持续时间的估算就是估算完成各计划活动所需资源的各类与数量。有来自团队最熟悉具体计划活动工作内容性质的个人或集体进行估算。持续时间估算是逐步细化与完善的，估算过程要考虑数据的有无与质量。所有支持持续时间估算的数据与假设都要记载下来。计划活动按照项目日历开展，而分配了资源的计划活动也要按照相应的资源日历开展。项目总持续时间在制定进度表过程中计算，是制定进度表过程的前提。

（5）安排进度表。分析活动顺序、活动持续时间、资源要求、以及进度制约的因素，从而制定项目进度表。制定进度表是一个反复多次的过程，这一过程确定项目活动计划的开始与完成日期。在制定进度表过程中，可能要求对持续时间估算与资源估算进行审查与修改，以便进度表在批准之后当作跟踪项目绩效的基准使用。制定进度表过程随着工作的绩效、项目管理计划的改变以及预期的风险发生或消失，或识别出新风险而贯穿于项目的始终。项目的进度计划意味着明确定义项目活动的开始和结束日期，这是一个反复确认的过程。进度表的确定应根据项目网络图、估算的活动工期、资源需求、资源共享情况、项目执行的工作日历、进度限制、最早和最晚时间、风险管理计划、活动特征等统一考虑。进度限制即根据活动排序考虑如何定义活动之间的进度关系。一般有两种形式：一种是加强日期形式，以活动之间前后关系限制活动的进度，如一项活动不早于某活动的开始或不晚于某活动的结束；另一种是关键事件或主要里程碑形式，以定义为里程碑的事件作为要求的时间进度的决定性因素，制定相应的时间计划。

（6）进度控制。进度控制的内容包括：判断项目进度的当前状态、对造成进度变化的因素施加影响、查明进度是否已经改变、在实际变化出现时对其进行管理。进度控制是整体变更控制的一部分。

（一）项目时间估算

先分别估计项目包含的每一种活动所需的时间，然后根据活动的先后顺序来估计所需要的时间。

活动时间是一个随机变量。

项目实际进行时的外部条件在事前是不清楚的，所以无法事前确定活动实际进行的时间，只能近似估算，使其尽可能接近现实。

随着时间的推移和经验的积累，在计划和实施阶段要不断进行估算更新。

（二）活动时间的影响因素

1. 参与人员的熟练程度

一般以典型的工人或者工作人员的熟练程度为基础。

2. 突发事件

在计划和估算阶段不可能也没必要考虑到所有可能的突发事件,但是在实际进行中,需要对此有心理准备,并进行相应的调整。

3. 工作效率

参与项目的工作人员不可能永远保持相同的工作效率。

4. 误解和错误

误解错误无法避免,需要随时加以控制,及时予以纠正。

5. 有效工作时间

在进行估算时要考虑到真正有效的工作时间和自然流逝的时间之间的差异。

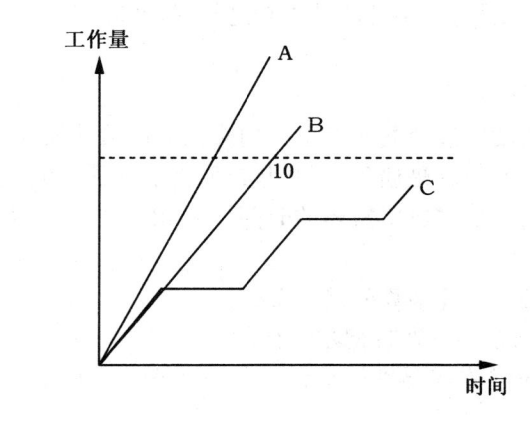

A——完全效率;B——75%工作效率;C——考虑工作中断。

图 4—1

(三)时间估算方法

时间估算方法主要有以下几种,需要根据具体情况来决定采用其中哪一种:

- 经验类比法;
- 历史数据法;
- 专家意见法;
- 德尔菲(Delphi)法;
- 三点法。

1. 经验类比法

对于有经验的工作人员,可以根据以往参加过的类似活动获得的经验来得出具有现实根据的估计。

2. 历史数据法

参考文献资料中存在相关行业的大量信息,可以作为一种估算的基础。而对于正规成熟的公司,往往也有以往所完成项目的资料记载,可以为估算提供有效的信息。

3. 专家意见法

当项目涉及新技术或者某种熟悉的业务时,工作人员往往缺乏做出较好估算所需的专业技能和知识,此时需要借助相应专家给出专业判断。

4. 德尔菲(Delphi)法

在专家意见难以获得时,德尔菲法是一种有效的替代估计方法。

德尔菲法是一种群体技术,集中利用一个群体的知识来获得估计。

德尔菲法的过程：

第一轮，对项目和要估算的活动进行简要介绍，然后让群体中的每个人给出他所能得到的最好估计。

第二轮，在上轮中给出的估计中与平均值相差大的人各自讲述自己的理由，然后每个人进行下一次推测。

第三轮，重复第二轮的步骤，得到的结果进行最后的调整。此时的平均值则为德尔菲法估算的结果。如果不满意，还可以继续下去。

5. 三点法

活动的时间是一个随机变量，在某种活动重复进行时，实际完成时间一般会表现出一种随机分布的形式。

活动完成的三种可能时间：

(1) 乐观估计，即假设活动所涉及的所有事件均对完成该活动最为有利，记为 O。

(2) 悲观估计，即假设现实中总是遇到不利因素，使得活动的完成被延误与耽搁，记为 P。

(3) 正常估计，即一般情况下完成所需要的时间。其相当于活动时间的随见分布的均值，记为 M。

在三种可能时间的基础上计算估算的结果 E。

6. 三点法和德尔菲法结合——宽带德尔菲技术

德尔菲法中参与估计的群体需要进行估计的是三种时间：乐观时间、悲观时间和正常时间。

在德尔菲法的最后分别得到三种时间估计的均值，作为三点法公式的输入值。

项目时间估算在项目管理中起到很重要的作用。在其基础上可以进行工作计划的制定与控制，给各种活动分配相应的资源。

项目的成本与完成项目所需要的时间是密切相关的。

只有比较准确地估算出项目的时间结构，才能够对项目各方面的工作有比较全面的了解，实现有效地项目管理。

项目预算是一种分配资源的计划。

项目预算的特性：

(1) 表现为一种约束。分配不能保证满足所有涉及的管理人员的利益要求，也体现了公司的政策和倾向（支持力度反映活动的重要性）。

(2) 是一种控制机制。管理者的任务是尽可能地在完成目标的前提下节约资源，因此必须要控制资源的利用。而预算可以作为一种比较标准而使用，度量资源实际使用量和计划用量之间的差异。

(3) 预算是另一种形式的项目计划。

为了建立项目的预算，我们必须预测项目需要耗费何种资源，各种资源需要的量、何时需要以及相应的成本，其中要考虑到未来通货膨胀的影响。

任何预测都有不确定性，不过不确定性随所涉及的内容不同而不同。如建筑师、特殊软件、新技术的开发项目等。

在一些领域，成本估计具有一定之规。如较大型的公司，对于一些复杂的大型项目可以利用一定的经验公式进行简明的估计。

项目预算的估计比公司日常费用的估算困难。

对于跨越多年的项目,要考虑随着时间的流逝,资源价格可能会发生变化,影响预算的准确性。

对于长期存在的公司(组织),总会形成自己的一套有特色的组织模式,其中包括会计和预算系统,在公司部门之间有很多不同。所以在进行项目预算时,要考虑到这些系统之间的协调性。

项目预算与会计之间存在不同。在会计账上项目支出一般采用线性分配,与实际情况往往不同。虽然在预算上没有影响,但是会造成项目现金流和账面上的不同。

(四)预算估算的基本策略

1. 自上而下的预算

(1)预算过程:先收集上中层管理人员的经验和判断,以及可以获取的关于以往类似活动的历史数据,形成对项目整体和子项目成本的估计。接着将该结果给予底层管理人员,他们再对组成项目和子项目的任务和子任务的成本进行估计。然后继续向下一层传递他们的估计,直到最底的基层。

(2)缺点:上层的管理人员根据经验赋予成本估计,分解到下层时下层人员可能会认为不足以完成相应任务。但是下层人员往往不一定会表达自己的看法,而是默默等待上层人员自行发现问题并纠正。有时使得项目进展出现困难,甚至失败。

(3)优点:上中层管理人员经验丰富,总体预算比较准确;预算过程中涉及在一系列任务之间比较并分配,可以避免忽视和偏重某些任务。

2. 自下而上的预算

(1)预算过程:同样根据WBS体系,首先对资源(如人力和原材料)进行估算,然后转换为所需要的经费。接着所有任务的预算被综合起来形成项目整体成本的直接估计。最后由项目经理在此之上加上适当的间接成本(如管理费用等)以及最终项目预算中要达到的利润目标。

(2)缺点:具有一定的预算博弈形式。当进行估算的人员认为上层人员会以一定比例削减预算时他们会过分估计自己的资源需求。而当他们这么做时,就会自然高估总体预算,这又会使得高层人员认为需要加以削减,证实估算人员的怀疑,从而使得所有参与者陷入一个怪圈。

(3)优点:比起高层管理人员,直接参与项目建设的人员更为清楚项目涉及的活动以及其所需要的资源量,预算可以更为精确;此外也有利于调动实际参与项目建设人员的工作积极性。

自上而下的预算很常见,而自下而上的预算相当少见。

高层管理人员认为自下而上的预算具有风险,他们对下级人员报上来的预算不信任,认为其夸大所需要的数目,并片面强调自己的重要性。

资金分配是一个公司最为重要的权力。上层管理人员不会轻易放弃这一权力,将其转给具有野心和意图值得怀疑的下属。

在预算思想的分类中,还可以将预算分为:

(1)面向活动的预算方法:综合各方面情况,分门别类地确定每一种资源的需要量,如电话、传真、动力、原材料等。其弱点是各个项目的收入与支出被分散到各种活动中,很难看出一个项目本身的财务状况。

(2)面向项目的预算方法:以项目为单位编制收入和支出预算体系。解决了面向活动预算方法的弱点。

表 4—1　　　　　　　　　　　　面向活动的月度预算示例

	当月			
	实际	预算	差异	百分比
收入				
制成品销售收入	8 510.00	8 200.00	310.00	103.9
…	…	…	…	…
营业支出				
工资与补贴	4 532.30	4 600.00	−67.70	98.5
职工工资				
…	…	…	…	…
办公费用				
电话费用	458.00	380.00	78.00	120.5
纸张	93.00	90.00	3.00	103.3
…	…	…	…	…

表 4—2　　　　　　　　　　　　分任务和月份的项目预算

				月度预算					
任务	开始	结束	估算	1	2	3	4	5	6
A	1	2	7 000	5 000	2 000				
B	2	4	11 000		4 000	6 000	1 000		
C	4	5	7 000				3 000	4 000	
D	5	7	8 000					2 000	4 000
合计			33 000	5 000	6 000	6 000	4 000	6 000	4 000

两种面向项目的预算方法：计划——规划——预算系统（Planning—Programming—Budgeting System,PPBS）；零基预算（Zero—Base Budgeting,ZBB）。

表 4—3

	PPBS	ZBB
时间	60 年代后期	70 年代
目的	识别、计划和控制能够最大化公司(组织)长期目标	将资金提供水平和特定项目所达到的结果直接关联起来
关注重点	能以最低成本为公司(组织)目标带来最大进展的项目	减少浪费,避免实际上已没必要的项目继续拖延

续表

	PPBS	ZBB
主要步骤或思路	1. 计划部分：识别每一主要活动领域内的目标； 2. 规划部分：对能够达成目标的项目进行分析，进一步考察持续多年的项目和短期项目； 3. 估算每个项目的总成本，包括间接成本； 4. 对替代性的项目和项目集在预期成本、预期期望和预期项目寿命方面进行最终的分析。对每个项目进行成本——效益分析，以便在一系列项目中进行选择而对各个项目进行比较。	每一个项目每一年在其得到资金之间均对其意义和价值进行评价和检查。按照成本——效益或者其他恰当的度量进行排序，根据这种排序来决定资金的提供。
面临的问题	成本和效益度量	过度保护自己的存在性。
共同点	两者都没有得到广泛的运用。	

即使是最好的专家也不可能精确地估算资源的使用量，可以肯定的一点是事情不会完全符合计划。

一般有两种方法来应付意外事件：

(1)在基本的成本估算结果上加上一定比例的应急费用，如5%或者10%。

(2)采用时间估算的方法，如三点法。

项目经理常常采用表格来进行直接成本估算。表格不仅可以列出所需要的资源量，还可以指出每种资源何时需要，以及是否可以获得。

(五)影响成本估算的其他因素

1. 资源价格的变化

(1)以一定比例增加所有成本估算。

(2)确定哪些投入在项目成本中占据重要比重，然后对其中每一种估计其价格变动的方向和速度。如：人工费用。还要主要调整幅度在管理者能够容忍的程度之内。

2. 人为的因素

(1)较高层的管理人员为了向上级证明项目的合理性，往往倾向于低估成本，而直接参与项目工作，对其成败负责的工作人员为了安全保险起见则倾向于高估成本。

(2)预算只是项目成本控制的第一步，还需要良好的后续检查与控制才能保证一个项目以可能的最低成本完成。

四、实验步骤

(一)打开计划

系统开发计划。

(二)确定工期

本部分讲述的是在系统开发进度计划中，开工日期、每周的工作日期、节假日期的更改与编制，项目经理将与本工程有关的日期和假日确定。

1. 更改开始日期。

用鼠标按住"工期栏"右侧的分隔线，向右移动，展现出原来的"开始时间"。单击"施工队进场"的"开始时间"，点击"月份更换键"，单击"日期"，最后单击"施工队进场"。

2. 如果系统开发计划采用的是轮休制度，那么在开发进度计划上每周六、周日是不休息

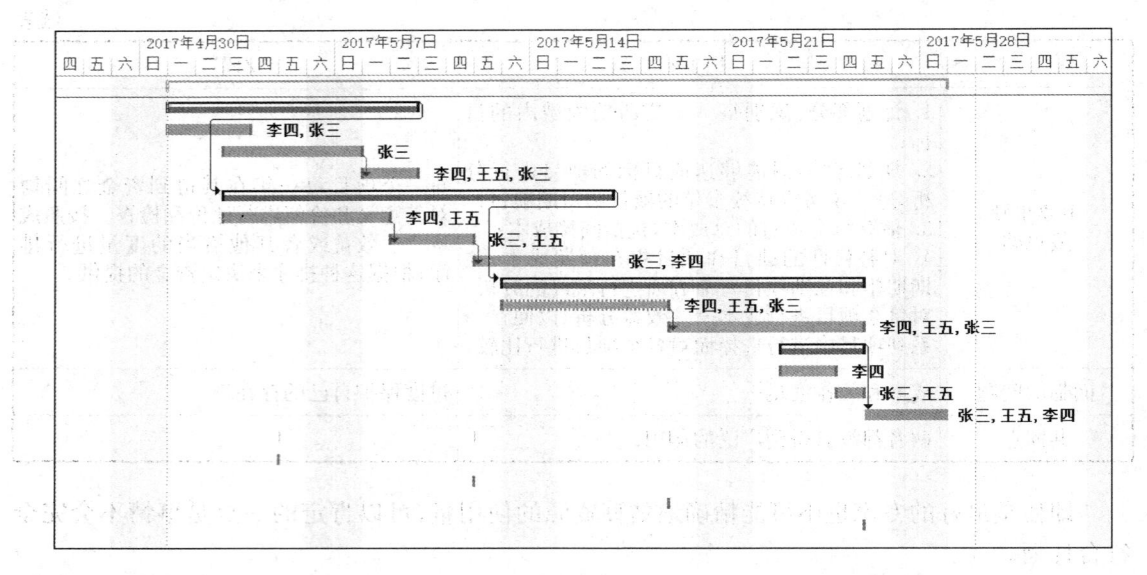

图 4—2

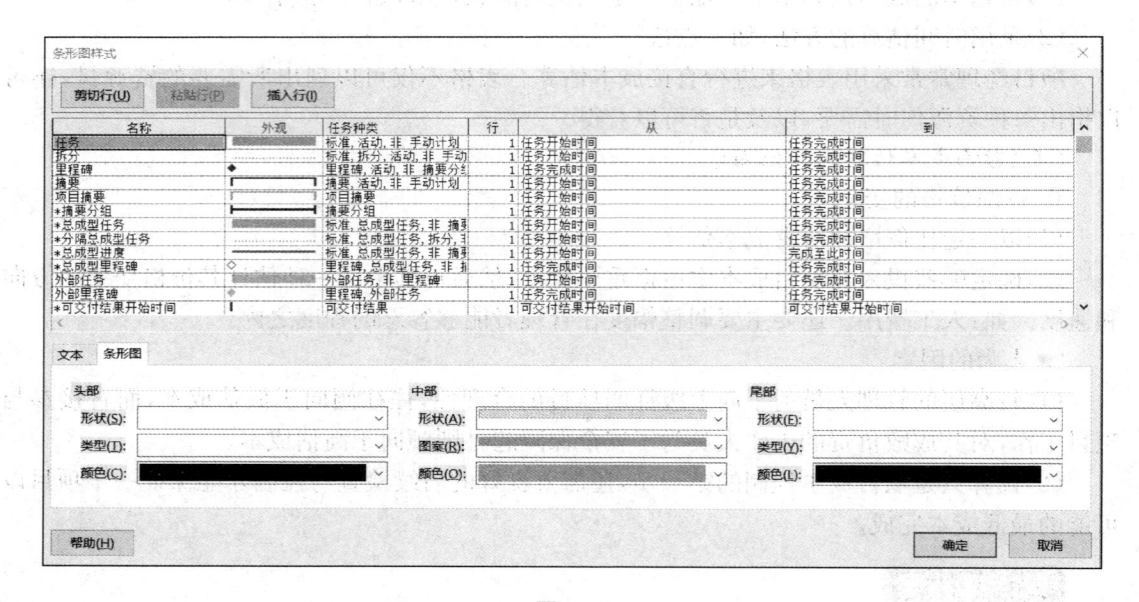

图 4—3

的,因此要将开发进度计划中每周六、周日的休息日全改为工作日。也就是将 Project 中默认的周六、周日非工作日全改为工作日。

3. 整理存盘。

(1)在编制进度计划时电脑将编制的当天默认为此计划开始的日期。而在实际建筑施工中,计划人员在编制施工进度计划时,往往还不能确定准确的开始日期,开始的日期因各种原因经常被修改。

(2)Project 在默认的情况下将每周六、周日,都设成非工作日,在调整成工作日后,软件将自行调整横线和日期格间的对应关系。

(3)人为地增加非工作日,就必须相应地增加工序工作日。

(三)分段流水

本部分讲述的是如何将开发进度计划中的工序分解成几个阶段。现在编制的系统开发计划,基本上是工序之间链接的大流水,没有将某个工序再分解成段进行分段流水。在实际的施工中(尤其是在大工程或复杂工程),往往将工序分成若干段,实行分段流水,这样施工能达到缩短工期、节约人员和设备、大幅度地降低成本的作用。

1. 一级分段:选中要拆分的任务,点击【任务】选项卡上的"拆分任务"进行分段。

图 4—4

2. 断开链接与相隔链接:拆分任务后,利用断开链接功能断开未拆分前的链接关系;利用 Ctrl 选中两个不连续的任务可以将其链接起来。

实验五

项目进度管理

一、实验目的

将施工进度计划编制得层次分明。

二、实验内容

将工序的分段流水根据层次进行组合,再根据使用者的不同要求,将分段流水的层次进行隐藏和显现。分段流水的组合分一级组合、多级组合、重叠组合。

三、知识准备

项目进度管理是指在项目实施过程中,对各阶段的进展程度和项目最终完成的期限所进行的管理。是在规定的时间内,拟定出合理且经济的进度计划(包括多级管理的子计划),在执行该计划的过程中,经常要检查实际进度是否按计划要求进行,若出现偏差,便要及时找出原因,采取必要的补救措施或调整、修改原计划,直至项目完成。其目的是保证项目能在满足其时间约束条件的前提下实现其总体目标。

在制定项目进度计划时,必须以项目范围管理为基础,针对项目范围的内容要求,有针对性的安排项目活动。

(一)项目结构分析

编制进度计划前要进行详细的项目结构分析,系统地剖析整个项目结构构成,包括实施过程和细节,系统规则地分解项目。项目结构分解的工具是工作分解结构(WBS)原理,它是一个分级的树型结构,是将项目按照其内在结构和实施过程的顺序进行逐层分解而形成的结构示意图。通过项目 WBS 分解做到将项目分解到相对独立的、内容单一的、易于成本核算与检查的项目单元,做到明确单元之间的逻辑关系与工作关系,做到每个单元具体地落实到责任者,并能进行各部门、各专业的协调。

进度计划编制的主要依据是:项目目标范围;工期的要求;项目特点;项目的内外部条件;

项目结构分解单元；项目对各项工作的时间估计；项目的资源供应状况等。进度计划编制要与费用、质量、安全等目标相协调，充分考虑客观条件和风险预计，确保项目目标的实现。进度计划编制主要工具是网络计划图和横道图，通过绘制网络计划图，确定关键路线和关键工作。根据总进度计划，制定出项目资源总计划，费用总计划，把这些总计划分解到每年、每季度、每月、每旬等各阶段，从而进行项目实施过程的依据与控制。

（二）成立进度控制管理小组

成立以项目经理为组长，以项目副经理为常务副组长，以各职能部门负责人为副组长，以各单元工作负责人、各班组长等为组员的控制管理小组。小组成员分工明确，责任清晰；定期或不定期召开会议，严格执行讨论、分析、制定对策、执行、反馈的工作制度。项目管理者联盟，处理项目管理问题。

（三）制定控制流程

控制流程运用了系统原理、动态控制原理、封闭循环原理、信息原理、弹性原理等。编制计划的对象由大到小，计划的内容从粗到细，形成了项目计划系统；控制是随着项目的进行而不断进行的，是个动态过程；由计划编制到计划实施、计划调整再到计划编制这么一个不断循环过程，直到目标的实现；计划实施与控制过程需要不断地进行信息的传递与反馈，也是信息的传递与反馈过程；同时，计划编制时也考虑到各种风险的存在，使进度留有余地，具有一定的弹性，进度控制时，可利用这些弹性，缩短工作持续时间，或改变工作之间的搭接关系，确保项目工期目标的实现。

1. 项目控制原理

项目控制是指在项目按事先制定的计划朝着最终目标挺进的过程中，由于前期工作的不确定性和实施过程中多种因素的干扰，项目的实施进展必然会偏离预期轨道。为此，项目管理者根据项目跟踪提供的信息，对比原计划（或既定目标），找出偏差，分析成因，研究纠偏对策，实施纠偏措施的全过程。

2. 项目控制方法

按是否使用信息分为传统和计算机辅助控制两种。

（1）传统项目控制方法是以各种文件、报表、图表等为主要工具，以定期或不定期地召开各类有关人员参加的会议为主要方式，再加上沟通各方面信息通讯联系制度。该方法适用于中小型项目。

（2）计算机辅助控制方法适用于对于投入资源昂贵、内容复杂、约束条件苛刻的现代大型项目。

3. 项目控制文件

主要包括合同、工作范围细则、职责划分细则、项目程序细则、技术范围文件和计划文件。

4. 项目控制会议

与项目里程碑计划时间或控制关键检查时间对应的会议。

（四）例子

以一空调设备企业新增空调生产线为例，说明该更新改造项目实施期间关键会议的时间安排。

控制会议的主要内容是检查、评估上一阶段的工作，分析问题、找出对策，并介绍下一阶段的主要任务和目标。具体包括：里程碑完成情况；计划未实现的影响；工作何时能完成；是否采取纠偏措施；何时才能回到计划轨道；下一步活动里程碑计划。

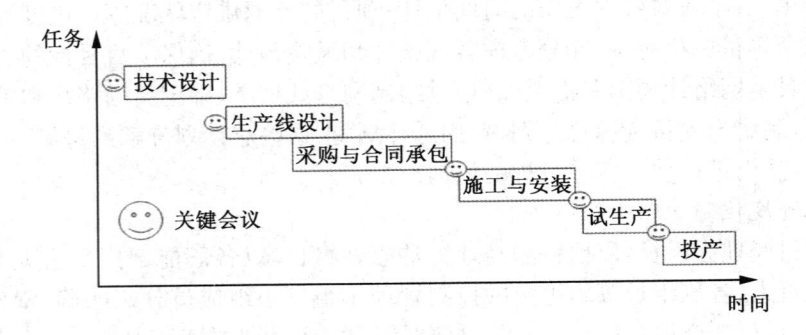

图 5—1

1. 三种控制过程

根据项目控制的三部曲基本原理以及项目管理对象过程特点和要求不同而设计的项目控制方式有三种。

(1) 自动控制，指控制信息源不是正在操作的人的人造物质受控系统的控制。任何其他控制系统都是这种类型的转化、延伸或修正。自动控制原理图如下图所示，是一个闭环反馈控制循环。

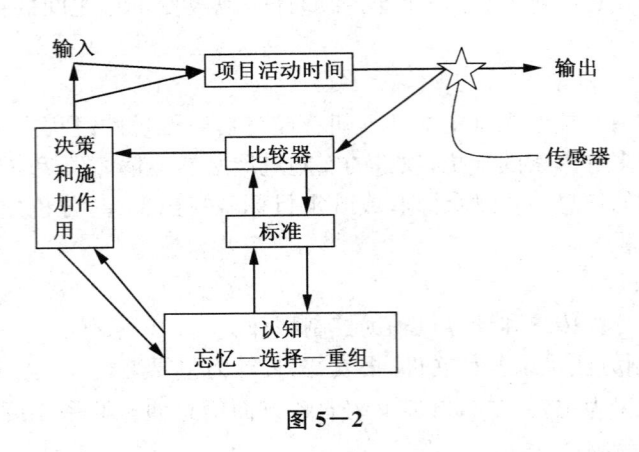

图 5—2

(2) 通过/通不过控制。采用测试的方式看特定的先决条件是否被满足。这种控制可以用在项目的任何方面，包括对时间和进度的控制。

通过/通不过控制是项目用得最多的控制方式。与自动控制不同，通过/通不过控制不能实现连续的自动操作。为了便于管理，可以按小时、按日或按照机器系统的运行周期确定控制系统、确定控制日程计划。

(3) 后控制。后控制又称后实现控制或后项目控制，是在项目结束时对问题的分析与总结，为未来项目计划和控制提供历史资料的控制方法。

自动控制和通过/通不过控制是对实施中的项目为完成目标而进行的控制，而后控制是为了改善未来项目实现目标的机会而设立的，所以后控制报告是项目后评估报告或项目结束总结报告的主要内容之一。

2. 项目三大控制权衡

(1) 质量控制

在项目三个目标控制当中,质量控制是主题。

质量控制是质量管理的主要内容,保证项目质量目标的实现。质量控制管理常常由质量控制部门或类似职能的部门执行。

质量控制系统,是为了保证项目每个阶段的输出都满足全面质量标准和质量计划而设计的控制系统。

质量控制系统的输出是多方面的,包括过程结果、产品结果和过程质量。

(2)进度控制

为了保证项目中各项工作按计划的进度顺利进行,必须对项目的进度进行控制。

(3)控制权衡

一般情况下,项目的任何一方面的变化或对变化采取控制措施都会带来项目其他方面的变化或冲突。如追赶进度,需要增加人力或其他资源的投入,这就意味着成本的增加,而要同时将成本控制在预算范围内,将牺牲质量或改变项目范围。这就需要对控制要素进行权衡分析。

3. 权衡分析步骤

(1)理解和认识项目中存在的冲突,寻找和分析引起冲突对的原因。

(2)展望目标。

(3)分析项目的环境和形势,包括对项目实际进度、成本和质量性能的测定和对照原计划指标的分析与评价。

(4)确定多个替代方案,对有关进度、成本和质量的关键问题寻找解答。

(5)分析和优选最优方案。

(6)获批及修改项目计划。更新计划要报送上级领导批准后方能实施。

4. 目的

建立用于协调和综合项目变更的正规变更控制程序的目的,一般如下:

(1)对所有提出的变更要求进行审查。

(2)明确所有任务间的冲突。

(3)将这些冲突转换成项目的质量、成本和进度。

(4)评估各变更要求的得与失。

(5)明确产出相同的各替代方案的变化。

(6)接受或否定变更要求。

(7)与所有相关团体就变更进行交流。

(8)确保变更合理实施。

(9)准备月报告。

5. 工作方针

在建立正规项目变更控制程序的过程中,要遵照一些基本的工作方针,主要方针如下:

(1)所有项目合同都应包括有关计划、预算和交付物的变更要求的描述。

(2)提出变更必须递交项目变更申请。

(3)变更要经业主方及上级部门批准,在变更申请上签名。

(4)所有的变更在准备变更申请和评估之前,需与项目经理商讨。

(5)在变更申请完成并得到批准之后,必须对项目总计划进行修改,以反映出项目的变更,这样,项目变更申请就成了项目总计划的一部分。

四、实验步骤

（一）步骤 1：输入任务工期

具体步骤如下：

在任务的"工期"微调框中键入所需的工期，格式可以是月份、星期、工作日、小时或者分钟。此外，如果要表明该任务的工期是估计值，则应该在后面键入一个"?"对于项目的里程碑，相应的任务工期应该为 0。

任务模式	WBS	任务名称	工期	开始时间	完成时间
	0	系统开发项目	20.13 days	2017年5月1日	2017年5月29日
	1	▲1 需求分析	8 days	2017年5月1日	2017年5月10日
	1.1	1.1 需求讨论	3 days	2017年5月1日	2017年5月4日
	1.2	1.2 编写需求规	3 days	2017年5月3日	2017年5月8日
	1.3	1.3 需求评审	2 days	2017年5月8日	2017年5月10日
	2	▲2 系统设计	10 days	2017年5月3日	2017年5月17日
	2.1	2.1 界面设计	4 days	2017年5月3日	2017年5月9日
	2.2	2.2 结构设计	3 days	2017年5月9日	2017年5月12日
	2.3	2.3 数据设计	3 days	2017年5月12日	2017年5月17日
	3	▲3 编码	10 days	2017年5月13日	2017年5月26日
	3.1	3.1 模块1	5 days	2017年5月13日	2017年5月19日
	3.2	3.2 模块2	5 days	2017年5月19日	2017年5月26日
	4	▲4 测试	3 days	2017年5月23日	2017年5月26日
	4.1	4.1 系统测试	2 days	2017年5月23日	2017年5月25日
	4.2	4.2 环境测试	1 day	2017年5月25日	2017年5月26日
	5	5 提交	1 day	2017年5月26日	2017年5月29日
	6	▲6 周例会	15.13 days	2017年5月5日	2017年5月26日
	6.1	6.1 周例会 1	1 day	2017年5月5日	2017年5月5日
	6.2	6.2 周例会 2	1 day	2017年5月12日	2017年5月12日
	6.3	6.3 周例会 3	1 day	2017年5月19日	2017年5月19日
	6.4	6.4 周例会 4	1 day	2017年5月26日	2017年5月26日

图 5－3

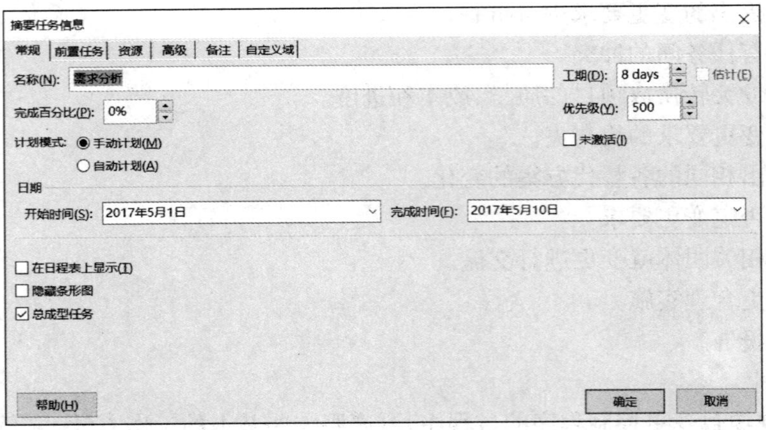

图 5－4

(二)步骤2:设定项目工作日历

具体步骤如下:

点击【项目】选项卡下的"更改工作时间",将弹出对话框,可供进行工作时间的修改,以满足加班或者工作时间调整等特殊需要。

假设某个月每周六和每周日都要加班,则可以按住 Ctrl 键用鼠标在日历上选中所有星期六的日期,选中"非默认工作时间"单选按钮,在"工作时间栏"中输入预定的加班时间。

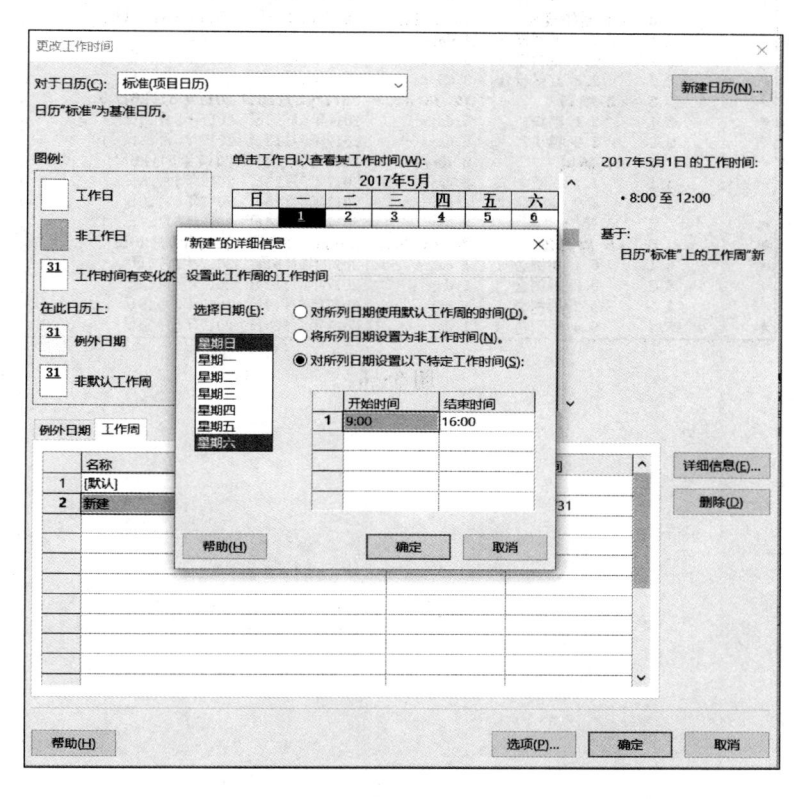

图 5—5

(三)步骤3:定义任务的依赖关系

项目中的任务在时间上的关联性分为如下 4 种情况:

完成—开始(FS):只有在任务 A 完成之后任务 B 才能开始。
开始—开始(SS):只有在任务 A 开始之后任务 B 才能开始。
完成—完成(FF):只有在任务 A 完成之后任务 B 才能完成。
开始—完成(SF):只有在任务 A 开始之后任务 B 才能完成。

具体步骤如下:

(1)选取"任务名称"栏中要按所需顺序连接在一起的两项或者多项任务。选取不相邻任务,可以按住 Ctrl 键并单击任务名称;若选取相邻任务则按住 Shift 键并单击希望连接的第一项和最后一项任务。

(2)根据任务之间的先后关系,单击工具栏上的"链接任务"标识,从而建立任务之间的相关性。注意此时的时间相关性为"完成—开始"类型。

(3)重复上面步骤,直到所有的任务建立了关联性。

(4)需要改变或删除任务相关性时,可以直接在条形图之间的连线上双击鼠标,便会出现标题为"任务相关性"的对话框供修改。

任务模式	WBS	任务名称	工期	开始时间	完成时间	前置任务
⬛	0	▲系统开发项目	25.38 days	2017年5月1日	2017年5月27日	
★	1	▲1 需求分析	9.75 days	2017年5月1日	2017年5月10日	
★	1.1	1.1 需求讨论	3 days	2017年5月1日	2017年5月4日	
★	1.2	1.2 编写需求规	3 days	2017年5月3日	2017年5月6日	
★	1.3	1.3 需求评审	2 days	2017年5月8日	2017年5月10日	3
★	2	▲2 系统设计	13.5 days	2017年5月3日	2017年5月17日	1
★	2.1	2.1 界面设计	4 days	2017年5月3日	2017年5月7日	
★	2.2	2.2 结构设计	3 days	2017年5月9日	2017年5月12日	6
★	2.3	2.3 数据设计	3.88 days	2017年5月12日	2017年5月16日	7
★	3	▲3 编码	12.75 days	2017年5月13日	2017年5月26日	5
★	3.1	3.1 模块1	5 days	2017年5月13日	2017年5月18日	
★	3.2	3.2 模块2	5 days	2017年5月18日	2017年5月23日	10
★	4	▲4 测试	3 days	2017年5月23日	2017年5月26日	
★	4.1	4.1 系统测试	2 days	2017年5月23日	2017年5月25日	
★	4.2	4.2 环境测试	1 day	2017年5月25日	2017年5月26日	
⬛	5	5 提交	1 day	2017年5月26日	2017年5月27日	12
⬛	6	▲6 周例会	20.38 days	2017年5月5日	2017年5月26日	
★	6.1	6.1 周例会 1	1 day	2017年5月5日	2017年5月5日	
★	6.2	6.2 周例会 2	1 day	2017年5月12日	2017年5月12日	
★	6.3	6.3 周例会 3	1 day	2017年5月19日	2017年5月19日	
★	6.4	6.4 周例会 4	1 day	2017年5月26日	2017年5月26日	

图 5-6

实验六

项目资源管理

一、实验目的

了解在项目管理中对资源管理的流程。

二、实验内容

对项目资源文件内容进行操作。

三、知识准备

在项目管理中"人"的因素也极为重要,因为项目中所有活动均是由人来完成的。如何充分发挥"人"的作用,对于项目的成败起着至关重要的作用。项目人力资源管理中所涉及的内容就是如何发挥"人"的作用。

组织计划编制也可以看作战场上的"排兵布阵",就是确定、分配项目中的角色、职责和回报关系。在进行组织计划编制时,我们需要参考资源计划编制中的人力资源需求子项,还需要参考项目中各种汇报关系(又称为项目界面),如:组织界面、技术界面、人际关系界面等。一般采用的方法包括:参考类似项目的模板、人力资源管理的惯例、分析项目干系人的需求等。

组织计划编制完成后将明晰以下几方面任务:

一是角色和职责分配。项目角色和职责在项目管理中必须明确,否则容易造成同一项工作没人负责,最终影响项目目标的实现。为了使每项工作能够顺利进行,就必须将每项工作分配到具体的个人(或小组),明确不同的个人(或小组)在这项工作中的职责,而且每项工作只能有唯一的负责人(或小组)。同时由于角色和职责可能随时间而变化,在结果中也需要明确这层关系。表示这部分内容最常用的方式为:职责分配矩阵(RAM),对于大型项目,可在不同层次上编制职责分配矩阵,如图6-1所示。

二是人员配备管理计划。它主要描述项目组什么时候需要什么样的人力资源。为了清晰地表明此部分内容,我们经常会使用资源直方图,如图6-2所示。在此图中明确了高级设计者在不同阶段所需要的数目。

人员 阶段	刘强	张力	徐军	李云	张英	王伟	…
需求	S	R	A	P	P		
功能	S		A	P		P	
设计	S		R	A	I		P
开发		R	S	A		P	P
测试			S	P	I	A	P

F=参与者　　A=负责者　　R=需求回顾　　I=需求提出　　S=需求确认

图 6-1　职责分配矩阵

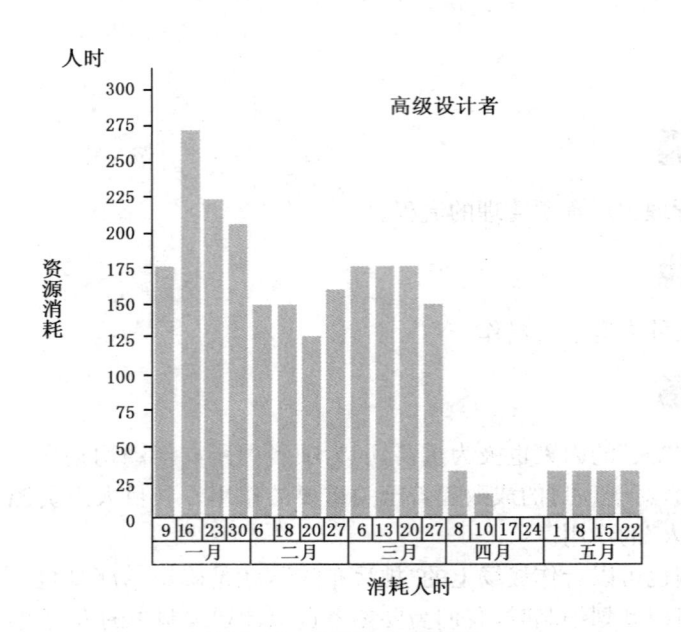

图 6-2　资源直方图示例

由于在项目工作中人员的需求可能不是很连续或者不是很平衡,容易造成人力资源的浪费和成本的提高。例如:某项目现有 15 人,设计阶段需要 10 人;审核阶段可能需要 1 周的时间,但不需要项目组成员参与;编码阶段是高峰期,需要 20 人,但在测试阶段只需要 8 人。如果专门为高峰期提供 20 人,可能还需要另外招聘 5 人,并且这些人在项目编码阶段结束之后,会出现没有工作安排的状况。为了避免这种情况的发生,通常会采用资源平衡的方法,将部分编码工作提前到和设计并行进行,在某部分的设计完成后立即进行评审,然后进行编码,而不需要等到所有设计工作完成后再执行编码工作。这样将工作的次序进行适当调整,削峰填谷,形成人员需求的平衡,会更利于降低项目的成本,同时可以降低人员的闲置时间,以防止成本的浪费。

组织机构图。它是项目汇报关系的图形表示,主要描述团队成员之间的工作汇报关系。

项目保证组织。项目保证一般由特定的项目保证部门或类似名称的组织执行,是项目管理系统的子系统之一。图6－3是来自IBM公司的一种常用的项目管理组织结构。

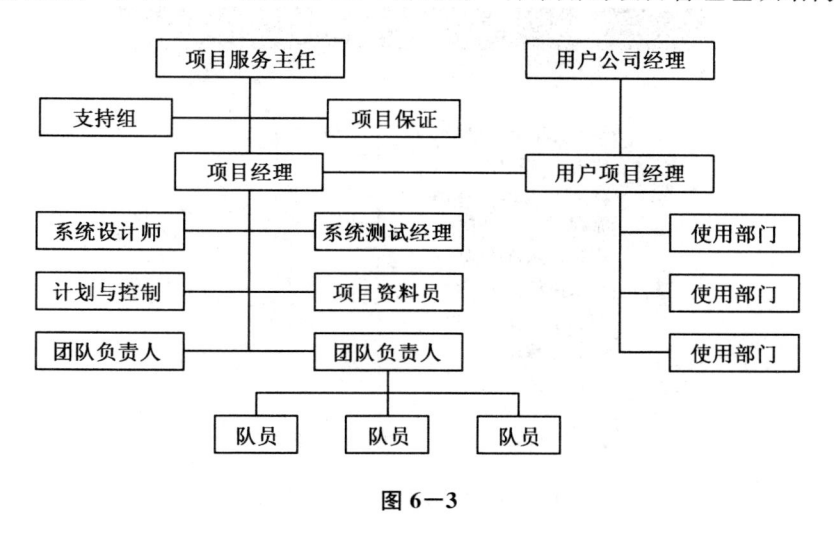

图6－3

(一)项目保证功能
(1)在项目发展过程中为项目管理者提供检查和平衡；
(2)为项目经理提供合理化建议；
(3)监督项目质量；
(4)促进项目沟通；
(5)支持公司发展方针的制定。

项目保证工作贯穿在项目管理循环系统中的项目目标规划、风险评估、实施跟踪—控制—审查以及项目的指导方针和工作程序制定各工作当中。

(二)项目保证的职责
项目保证的职责包括：
(1)审查和评价项目目标文件；
(2)跟踪和报告项目的实施现状；
(3)审批变更申请；
(4)实施项目审查。

(三)线性责任图
线性责任图即LRC图，是将所分解的工作落实到有关部门或个人，并明确表示出有关部门(或个人)对组织工作的关系、责任、地位。

可以明确项目组织中各部门或个人的职责，也可以用于系统地阐述项目组织内部门与部门之间，个人与个人之间的相互关系。

在项目计划制订初期，就可以应用LRC图。

在项目实施过程的任何时期，当信息交流方面出现困难或因责任不明导致计划的某些方面不能落实时，可在此应用LRC图。

WBS		组织责任者	项目经理	项目工程师	程序员
	确定需求		⬡	△	
	设计		⬡	△	
开发	修改外购软件包		☐	⬡	△
	修改内部程序		☐	⬡	
	修改手工操作系统流程		⬡		△
测试	测试外购软件包		☐	◯	△
	测试内部程序		☐	◯	△
	测试手工操作流程		☐	◯	△
安装完成	完成安装新软件包		◯	△	
	培训人员		◯	△	

△ 负责　☐ 通知　◯ 辅助　◯ 审批

图6-4　新软件安装的 LRC 图

	副主管	部门经理	项目经理	工程经理	软件经理	生产经理	市场经理	子程序生产经理	子程序软件经理	子程序硬件经理	子程序服务经理
建立项目计划	6	2	1	3	3	3	3	4	4	4	4
定义WBS		5	1	3	3	3	3	3	3	3	3
建立硬件		2	3	1	4	4	4				
建立软件			3	4	1	4					
建立界面		2	3	1	4	4	4				
生产监测		2	3	4	4	1	4				
定义文件		2	1	4	4	4	4				
建立市场计划	5	3	5	4	4	4	1				
准备劳动力估计			3	1	1	1		4	4	4	4
准备设备成本估计			3	1	1	1		4	4	4	4
准备材料成本			3	1	1	1		4	4	4	4
编分配程序			3	1	1	1		4	4	4	4
建立时间进度			3	1	1	1		4	4	4	4

1—实际负责　2——般监督　3—参与商议　4—可以参与商议　5—必须通知　6—最后批准

图6-5　简化 LRC 图

四、实验步骤

（一）打开文件

系统开发计划。

（二）定义资源

在 Project 2013 中，资源的类型主要有两种，一种是工时类，一种是材料类。工时资源是为了完成任务而在任务上花费时间（或工时）的人员和设备。工时资源与材料资源不同，材料资源是完成任务所用的消耗性原料。工时资源的建立与时间相关。通过指定资源所用的时间，或资源可用于整个项目的最大单位，来定义新的工时资源。最大单位可以是：全部时间（100%）、部分时间（例如，50%）或多倍（例如，对于拥有三个木工的项目来说，为 300%）。

图 6-6

（三）输入资源

输入各个工序的资源，资源需求情况，资源输入后用户可以打开资源使用图表来审阅资源使用情况。红色代表过度分配，蓝色代表正常分配。出现过度分配情况，就需要对资源重新分配。

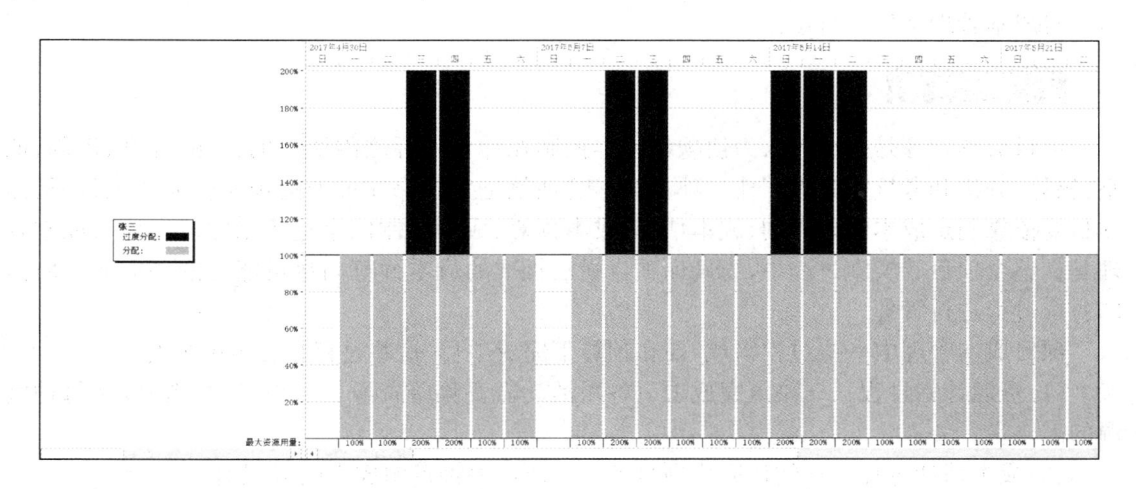

图 6-7

实验七

项目成本管理

一、实验目的

了解项目管理中成本管理的内容。

二、实验内容

对成本管理文件进行操作。

三、知识准备

项目成本管理是指承包人为使项目成本控制在计划目标之内所做的预测、计划、控制、调整、核算、分析和考核等管理工作。项目成本管理就是要确保在批准的预算内完成项目,具体项目要依靠制定成本管理计划、成本估算、成本预算、成本控制四个过程来完成。项目成本管理是在整个项目的实施过程中,为确保项目在已批准的成本预算内尽可能好的完成而对所需的各个过程进行管理。

项目成本管理由一些过程组成,要在预算下完成项目,这些过程是必不可少的。

(1)资源计划过程——决定完成项目各项活动需要哪些资源(人、设备、材料)以及每种资源的需要量。

(2)成本估计过程——估计完成项目各活动所需每种资源成本的近似值。

(3)成本预算过程——把估计总成本分配到各具体工作。

(4)成本控制过程——控制项目预算的改变。

以上四个过程相互影响、相互作用,有时也与外界的过程发生交互影响,根据项目的具体情况,每一过程由一人或数人或小组完成,在项目的每个阶段,上述过程至少出现一次。以上过程是分开陈述且有明确界线的,实际上这些过程可能是重选的且相互作用的。

项目成本管理主要与完成活动所需资源成本有关。然而,项目成本管理也考虑决策对项目产品的使用成本的影响。例如:减少设计方案的次数可减少产品的成本,但却增加了今后顾客的使用成本,这个广义的项目成本称为项目的生命周期成本。在许多应用领域,未来财务状况的预测和分析是在项目成本管理之外进行的。但有些场合,预测和分析的内容也包括在成本管理范畴,此时就得使用投资收益、有时间价值的现金流、回收期等技巧。项目成本管理还应考虑项目相关方对项目信息的需求——不同的相关方在不同时间以不同方式对项目成本进行度量。当项目成本控制与奖励挂钩时,就应分别估计和预算可控成本和不可控成本,以确保奖励能真正反映业绩。

项目成本管理应遵循下列程序:
(1)掌握生产要素的市场价格和变动状态。
(2)确定项目合同价。
(3)编制成本计划,确定成本实施目标。
(4)进行成本动态控制,实现成本实施目标。
(5)进行项目成本核算和工程价款结算,及时收回工程款。
(6)进行项目成本分析。
(7)进行项目成本考核,编制成本报告。
(8)积累项目成本资料。

四、实验步骤

(一)步骤1:增加项目资源

具体步骤如下:

(1) 单击"视图栏"中的资源工作图标识,将出现"资源工作表视图"。

(2) 在其中填入资源名称和相关信息,若要更改资源信息可以双击,弹出相应的"资源信息"对话框进行设置。

图 7-1

(二)步骤2:分配资源

具体步骤如下:

(1)在甘特图视图中,选中任务,单击工具栏上的分配资源标识,将弹出"分配资源"对话框。

(2)通过 CTRL 键选中多个不连续的资源,设置使用单位,即资源的使用率。

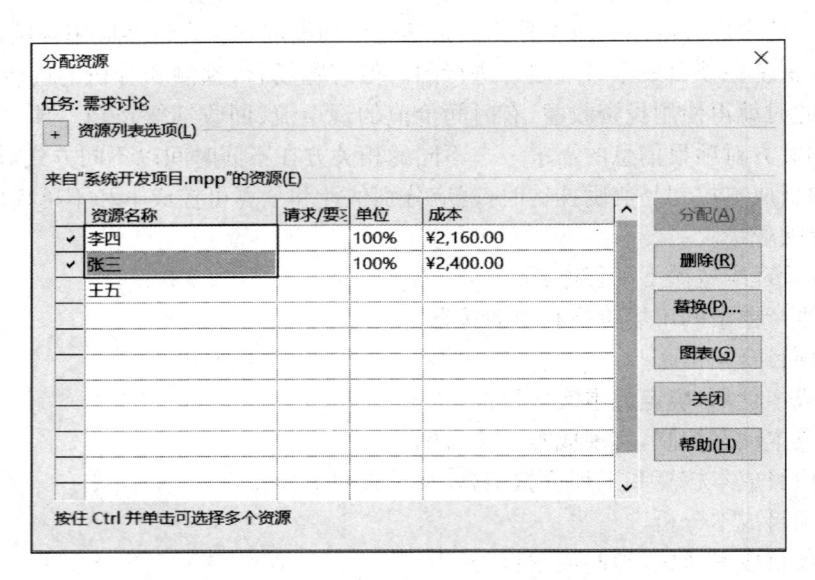

图 7—2

(三)步骤 3：插入"成本"相关域

在默认情况下，"甘特图"视图并不显示"成本"域，因此要将该域插入并显示在工作表中。在"资源名称"列的右边单击"添加新列"，出现"域名称"下拉列表框，选择"成本"，插入成本域，如图 7—3 所示。

任务模式	WBS	任务名称	工期	开始时间	完成时间	前置任务	资源名称	成本
	0	系统开发项目	25.38 days	2017年5月1日	2017年5月27日			¥57,280.00
	1	1 需求分析	9.75 days	2017年5月1日	2017年5月10日			¥11,760.00
	1.1	1.1 需求讨论	3 days	2017年5月1日	2017年5月4日		李四,张三	¥4,560.00
	1.2	1.2 编写需求规	3 days	2017年5月3日	2017年5月6日		张三	¥2,400.00
	1.3	1.3 需求评审	2 days	2017年5月8日	2017年5月10日	3	李四,王五,张三	¥4,800.00
	2	2 系统设计	13.5 days	2017年5月3日	2017年5月17日	1		¥16,000.00
	2.1	2.1 界面设计	4 days	2017年5月3日	2017年5月7日		李四,王五	¥6,400.00
	2.2	2.2 结构设计	3 days	2017年5月9日	2017年5月12日	6	张三,王五	¥5,040.00
	2.3	2.3 数据设计	3.88 days	2017年5月12日	2017年5月16日	7	张三,李四	¥4,560.00
	3	3 编码	12.75 days	2017年5月13日	2017年5月26日	5		¥24,000.00
	3.1	3.1 模块1	5 days	2017年5月13日	2017年5月18日		李四,王五,张三	¥12,000.00
	3.2	3.2 模块2	5 days	2017年5月18日	2017年5月23日	10	李四,王五,张三	¥12,000.00
4	4	4 测试	3 days	2017年5月23日	2017年5月26日			¥3,120.00
	4.1	4.1 系统测试	2 days	2017年5月23日	2017年5月25日		李四	¥1,440.00
	4.2	4.2 环境测试	1 day	2017年5月25日	2017年5月26日		张三,王五	¥1,680.00
	5	5 提交	1 day	2017年5月27日	2017年5月27日	12	张三,王五,李四	¥2,400.00
	6	6 周例会	20.38 days	2017年5月5日	2017年5月26日			¥0.00
	6.1	6.1 周例会 1	1 day	2017年5月5日	2017年5月5日			¥0.00
	6.2	6.2 周例会 2	1 day	2017年5月12日	2017年5月12日			¥0.00
	6.3	6.3 周例会 3	1 day	2017年5月19日	2017年5月19日			¥0.00
	6.4	6.4 周例会 4	1 day	2017年5月26日	2017年5月26日			¥0.00

图 7—3

(四)步骤 4：盈余分析(可选)

具体步骤如下：

(1)选择"视图"菜单下的"表格"子菜单，选择"其他表"命令，将弹出"其他表"对话框。

(2)选择"挣值"选项，然后单击"应用"按钮，在追踪甘特图视图中显示所有的列，可以查看项目情况。

实验七 项目成本管理

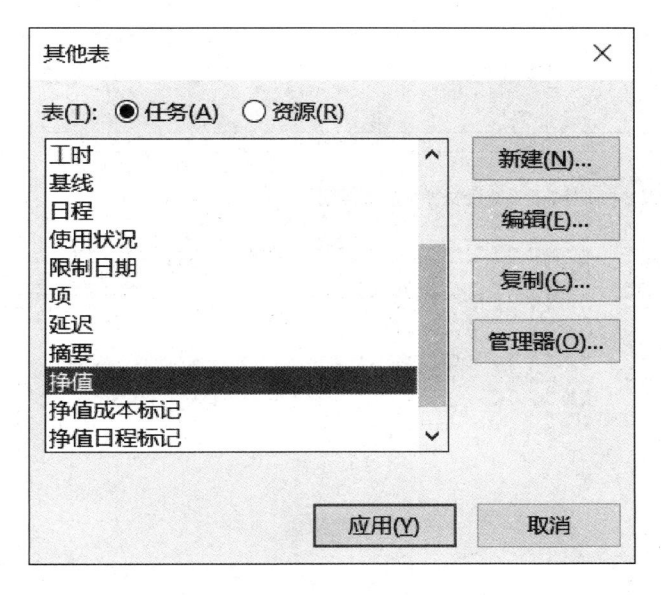

图 7—5

任务名称	计划值 - PV (BCWS)	挣值 - EV (BCWP)	AC (ACWP)	SV	CV	EAC	EAC	VAC
▲ 系统开发项目	¥0.00	¥0.00	¥0.00	¥0.00	¥0.00	¥57,280.00	¥0.00	-¥57,280.00
▲ 1 需求分析	¥0.00	¥0.00	¥0.00	¥0.00	¥0.00	¥11,760.00	¥0.00	-¥11,760.00
1.1 需求讨论	¥0.00	¥0.00	¥0.00	¥0.00	¥0.00	¥4,560.00	¥0.00	-¥4,560.00
1.2 编写需求	¥0.00	¥0.00	¥0.00	¥0.00	¥0.00	¥2,400.00	¥0.00	-¥2,400.00
1.3 需求评审	¥0.00	¥0.00	¥0.00	¥0.00	¥0.00	¥4,800.00	¥0.00	-¥4,800.00
▲ 2 系统设计	¥0.00	¥0.00	¥0.00	¥0.00	¥0.00	¥16,000.00	¥0.00	-¥16,000.00
2.1 界面设计	¥0.00	¥0.00	¥0.00	¥0.00	¥0.00	¥6,400.00	¥0.00	-¥6,400.00
2.2 结构设计	¥0.00	¥0.00	¥0.00	¥0.00	¥0.00	¥5,040.00	¥0.00	-¥5,040.00
2.3 数据设计	¥0.00	¥0.00	¥0.00	¥0.00	¥0.00	¥4,560.00	¥0.00	-¥4,560.00
▲ 3 编码	¥0.00	¥0.00	¥0.00	¥0.00	¥0.00	¥24,000.00	¥0.00	-¥24,000.00
3.1 模块1	¥0.00	¥0.00	¥0.00	¥0.00	¥0.00	¥12,000.00	¥0.00	-¥12,000.00
3.2 模块2	¥0.00	¥0.00	¥0.00	¥0.00	¥0.00	¥12,000.00	¥0.00	-¥12,000.00
▲ 4 测试	¥0.00	¥0.00	¥0.00	¥0.00	¥0.00	¥3,120.00	¥0.00	-¥3,120.00
4.1 系统测试	¥0.00	¥0.00	¥0.00	¥0.00	¥0.00	¥1,440.00	¥0.00	-¥1,440.00
4.2 环境测试	¥0.00	¥0.00	¥0.00	¥0.00	¥0.00	¥1,680.00	¥0.00	-¥1,680.00
5 提交	¥0.00	¥0.00	¥0.00	¥0.00	¥0.00	¥2,400.00	¥0.00	-¥2,400.00
▲ 6 周例会	¥0.00	¥0.00	¥0.00	¥0.00	¥0.00	¥0.00	¥0.00	¥0.00
6.1 周例会 1	¥0.00	¥0.00	¥0.00	¥0.00	¥0.00	¥0.00	¥0.00	¥0.00
6.2 周例会 2	¥0.00	¥0.00	¥0.00	¥0.00	¥0.00	¥0.00	¥0.00	¥0.00
6.3 周例会 3	¥0.00	¥0.00	¥0.00	¥0.00	¥0.00	¥0.00	¥0.00	¥0.00
6.4 周例会 4	¥0.00	¥0.00	¥0.00	¥0.00	¥0.00	¥0.00	¥0.00	¥0.00

注:BCWS:计划工作预算费用。

BCWP:已完成工作预算成本。

ACWP：工作实际成本。

CV:费用偏差＝已完工作预算费用(BCWP)－已完工作实际费用(ACWP)。

SV:进度偏差＝已完工作预算费用(BCWP)－计划工作预算费用(BCWS)。

EAC:完工估算。全部工作的成本将是多少。

BAC：完工预算。预计完成项目的总成本。即完成时的预算－项目预计总成本基线。

VAC：完工偏差。按照当前预计,项目完工时的成本偏差多少。

图 7—6

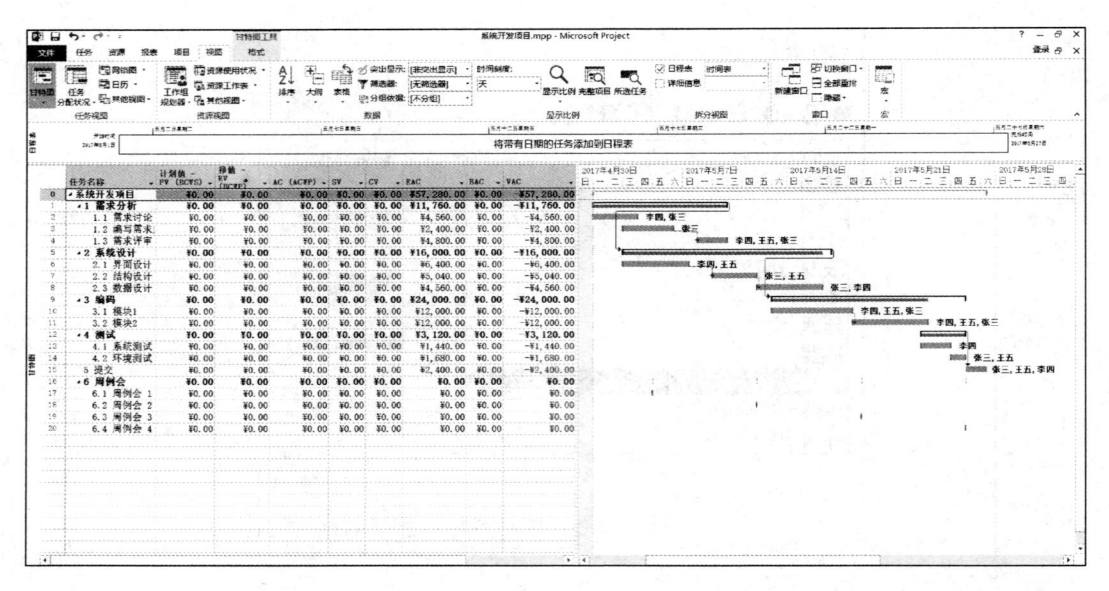

图 7—7

实验八

进度、资源、费用联合的控制和管理

一、实验目的

通过操作掌握对项目管理中进度、资源、费用的联合控制和管理。

二、实验内容

对项目文件进行具体操作。

三、知识准备

在项目管理中,对所使用的资源进行分类的方法很多,常见的有以下三种分类方法:
一是根据会计学原理对项目所需要的资源进行分类。
二是根据项目所需要的资源的可得性进行分类。
三是根据项目进行中所需要的资源的特性进行分类。

1. 根据会计学原理对项目所需要的资源进行分类:

(1)将项目实施所需要的资源分为劳动力成本(人力资源)、材料成本及诸如分包、借款等其他"生产成本"。

(2)该分类方法是最常见的划分项目资源的办法,对企业的项目预算和会计工作非常适用。

(3)优点:通用性强,操作简便,易于人们所接受。

(4)缺点:

①没有明确地说明诸如信息之类无形资源的成本;

②没有体现项目资源管理的主要方面,如资源的可得性。

2. 根据项目所需要的资源的可得性进行分类:

(1)可以持续使用的资源。

该类资源可以用于相同范围的项目的各个时间阶段。如固定的劳动力。

(2)消耗性的资源。

该类资源在项目的开始阶段,往往以总数形式出现,并随着时间的推移而被消耗掉;如各种材料或计算机的机时。

(3)双重限制资源。

该类资源在项目的各个阶段的使用数量是有限制的,并且在整个项目的进行过程中,总体的使用量也是有限制的。如资金。

3. 根据项目进行中所需要的资源的特性进行分类:

(1)没有限制的资源。

该类资源在项目的实施过程中,对成本来说没有数量的限制。如没有经过培训的劳动力或者通用设备。

(2)价格非常昂贵或者在整个项目的工期内,不可能完全得到的资源。

如项目实施过程中,所需的特殊试验设备,每天只能工作4小时;某些技术专家同时负责很多个项目的技术工作。

在整个项目进行过程中,使用数量有明确要求的那些资源,如某类稀缺材料。

可以将第3类分类方法看作是 ABC 分类管理系统的特例:

第一类资源(C类)在使用时,没有来自数量方面的限制,因而不需要对该类资源实施连续的跟踪。但是由于这类资源的价格可能很高,因此,有效地在项目的实施过程中使用这类资源,对于项目成本效果是非常有利的。

第二类资源(A类)在项目中,具有很高的优先权,应该对其进行全面的跟踪控制。因为这类资源的短缺,对整个项目工期的影响是巨大的。

在制定资源计划的过程中要考虑以下三点:

(1)对于那些消耗性的资源和有限制的、需要定期使用的资源,应该给予单独考虑。即既要保证对没有约束的资源的有效利用,又要强调对有约束资源的使用进行严格的控制。

(2)除了考虑资源的使用性质以外,还要考虑使用资源的成本。

(3)资源计划的制定是一个连续不断的过程,它贯穿于项目的整个生命周期。

在确定资源方法时,常常要考虑以下六点:

(1)在选择资源时,要尽可能使其具有很大的适应性;

(2)如果某类特殊资源的使用数量达到了一个确定的值以后,那么,对这类特殊资源的使用越多,单位时间区段的成本反而会逐渐减小;

(3)某类资源的边际贡献会随着对它的使用而逐渐减小;

(4)某些资源是分散的;

(5)资源是组织的财富;

(6)组织善于对其拥有的资源实施控制。

各种资源的生产能力,可以通过它的生产效能来衡量,可以用下列两种方法来确定:

(1)额定能力(Nominal Capacity):在理性的条件下,所获得的资源的最大产出量。

设备的额定能力通常在有关的技术说明书中注明;

劳动力的额定能力一般由工业工程师采用标准工作测量技术来估计。

(2)有效能力(Effective Capacity):在综合考虑活动分配计划编制和进度安排的约束、维修状况、工作环境以及使用的其他资源的条件下,获得的资源的最大产出量。

在实际工作中,项目的寿命周期也影响到项目对资源的需求。图8—1表示在项目寿命周期的各个阶段,对劳动力和材料这两种资源的需求状况。

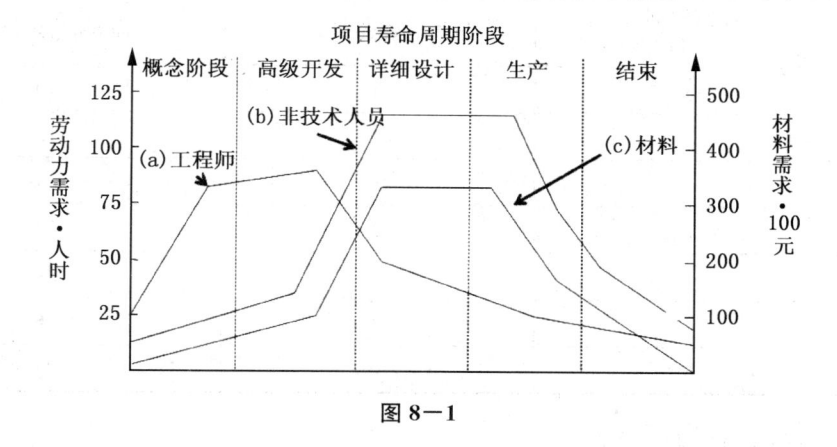

图8-1

时差管理是一种改变项目对资源的需求状况的有效方法。由于项目的某项活动总是可以在早开始或晚开始计划确定的范围内开始,所以通过尝试不同的分配方式,就可以达到较高资源利用率和较低的成本支出。

(一)资源对制定项目计划的影响

在编制项目活动的工序时,我们通常假设,各个活动之间的优先关系和项目预算是项目唯一的约束因素,有足够的资源可以同时分配给大量的活动使用,而这种假设在现实中往往是很少见的。

资源计划是一个项目经理决定要获得哪些资源、从哪里获得、何时得到它们及如何使用它们的过程。

项目资源计划的制定主要与综合分析和以下两个方面的内容有关:

(1)为适应资源的短缺而设计的变更方案的成本;

(2)使用变更资源的成本。

在项目实施期间对资源的使用进行监督和控制是项目经理的一个重要职能。

一旦出现专业人员不足或者某类材料和设备供应短缺等情况,项目经理优先考虑的管理问题就是重新安排进度计划。

资源的短缺和不确定性,常常会严重损坏一个优秀的计划。但是,对资源的有效利用,可以减少项目生命周期中各个阶段的成本和工期。

项目的资源是由预算和从头到尾消耗时间积累起来的。预算和进度之间的关系十分重要。

(二)资源均衡和资源分配

1. 工期约束下的资源均衡问题

我们假定在下面讨论的项目中,只使用一种资源(专业人员)。表8-1给出了该项目的7个活动对资源的需求。

表 8－1

活动	持续时间（周）	每周需要的劳动力	需要的总劳动力
	5	8	40
	3	4	12
	8	3	24
	7	2	14
	7	5	35
	4	9	36
	5	7	35

2. 最早开始进度计划

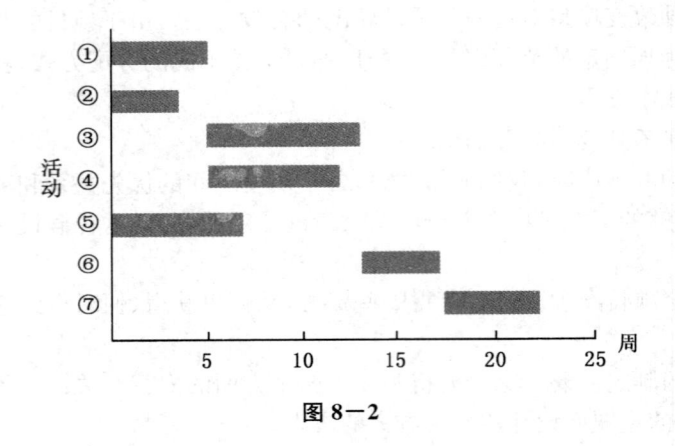

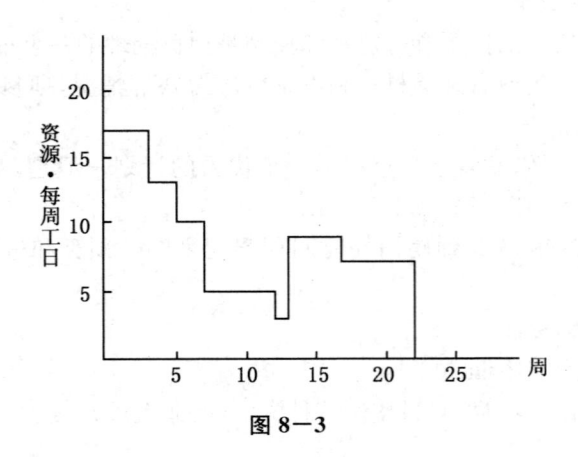

图 8－2

图 8－3

从这两张图可以看出：

在项目的早期阶段，最早开始计划对资源的需求量最大。在最早的 3 个星期，每周需要 17 个工作日。如果每周工作 5 天，那么每天需要 17/5＝3.4 个专业人员。项目经理可以通过安排加班、两班轮换或者使用临时工等方法，保证每天对专业人员的需要。

实验八 进度、资源、费用联合的控制和管理

该项目对资源需求的变化范围很大,17－3＝14 个工日。

3. 最迟开始进度计划

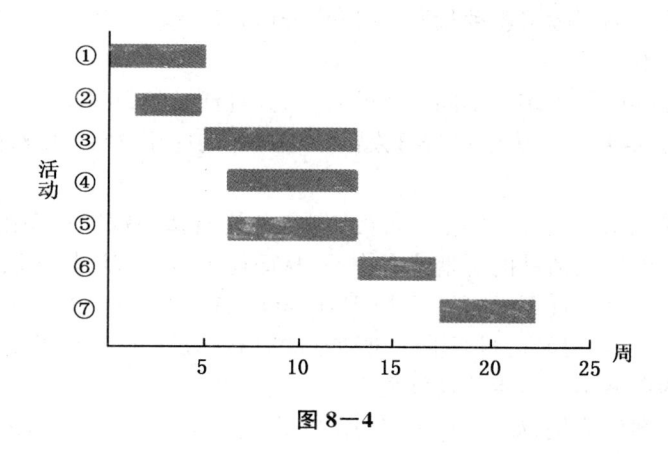

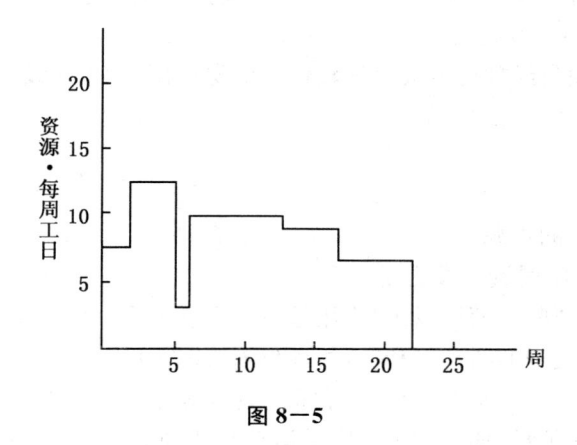

图 8－4

图 8－5

从这两张图可以看出:

在最迟开始计划中,对资源需求的最高点从最早开始计划的第 1～3 周,转移到第 2～5 周,并且资源使用的最大值也从每周 17 个工日减少到每周 12 个工日。因而,资源需求的变动范围也减小了,12－3＝9 个工日。

资源均衡是在项目的资源需求图中,为了使各活动的资源需求的波动最小,对总时差或自由时差进行的再分配。

以比较稳定的资源使用率能够导致比较低的资源成本为假设前提。

对于劳动力,资源的成本将随着雇用人数和培训人员的需要而增加;

对于材料,使用量的波动意味着短缺需求的增加,并且要更加重视材料计划的制定与控制。

资源均衡的一般操作步骤:

计算各阶段平均的工日数。如在前面的项目中,整个项目总共需要 196 个工日。由于项目的工期为 22 周,所以每周需要的工日约为 9。

以最早开始进度计划和非关键活动为依据,从那些具有最大自由时差的活动开始,逐渐推迟某个活动的开始时间。在每次变更以后,检查重新形成的资源需求图,使变更后的资源需求

接近计算的平均值。挑选资源变动最小的计划作为资源均衡的结果。

对于规模较小的项目,上述的操作步骤是非常实用和有效的,但是,并不是十分可靠的寻找最优方案的方法。为了改善这种状况,可以从最迟开始进度计划着手,检查有时差的活动向项目开始移动的影响。

如果几个项目共同使用多种不同类型的资源,并且活动的数目很大时,资源的均衡问题就会更加复杂。针对这种情况,人们已经开发出多种成熟的应用软件,用来解决项目管理中的资源均衡问题。

很多项目都受到来自资源的约束条件的限制,尤其当某些资源是有限且没有好的替代品时。其直接结果可能导致活动的延期或者中断,从而使项目原有计划无法按期实现。

在资源使用的约束条件下,通常运用 CPM 不能求得项目的完成日期。在项目进行过程中,资源的需求超过实际可利用量且非关键活动的时差不足以解决问题的现象经常出现。

资源使用的约束并不总是制约着计划。

以前面提到的案例为例:如果每周可使用 17 个或者更多的工日,那么,无论是采用最早开始计划,还是最晚开始计划,项目都会在 22 周内完成。而经过资源均衡后,只要每周可使用 12 个工日,就不会产生工期拖延。

为了避免延期,项目经理可能会忽视较低的资源使用状况,而设法采用以下几种技术:

(1)用较低的资源使用量完成活动;
(2)分解活动;
(3)调整网络;
(4)使用可以更换的资源。

4. 用较低的资源使用量完成活动

这种技术只是对那些工期可以延长,用较少资源就能完成的活动有效。

假设对于前面案例中的活动①和②,每周仅有 11 个工日可用。由于活动①是关键活动,按计划它要占用 8 个工日,那么活动②每周就只有 3 个工日可用。由于活动②总共需要 3 周×4 工日/周=12 个工日,那么就可以安排活动②每周 3 个工日,用 4 周完成。如果这个方案还是不能满足要求,那么可以采用将活动②延长为 5 周、每周 3 个工日的方案。

需要注意的是,对于活动实施过程的每个阶段有资源最小量的情况,该方法不适用。

5. 分解活动

对于项目中,活动原有的逻辑关系变化影响不太大的情况,可以把某些活动分解成一些子活动。

假设将前面案例中的活动①分解为两个子活动 a_1 和 b_1,其中子活动在第 1 周和第 2 周实施。子活动 b_1 被安排在中断 4 周后再开始实施。这样 项目就能够在 22 周内完成,而每周仅需要 11 个工日。

这项技术对于那些可以进行活动分解,并且分解后的各子活动之间的时间间隔相对较短的项目来说,是非常有意义的。

6. 调整网络

当网络只是以结束到开始的逻辑关系为基础时,引入其他类型的逻辑关系,将有助于对有约束资源的管理。

用开始到开始的逻辑关系代替结束到开始的逻辑关系,就有可能消除由于资源的缺乏而造成的延误。

7. 使用可以更换的资源

这个方案适用于某些资源,如分包商和劳动力机构都是额外的劳动力来源。这样做的成本相对高一些,所以需要在费用超支和进度拖延之间比较,加以协调考虑。

(三)资源分配的优先原则

多项目分析是一个繁杂的进度计划问题,每个项目都使用多种类型的资源。通常采用优先原则来分配各项活动所需的资源。

资源分配的优先原则适用于项目的各个活动共同竞争某种稀缺资源的情况。根据优先原则,在项目中具有最低优先权的活动将被向后延期,一直到有了充足的可供使用的资源。

根据优先原则确定的常见的优先活动次序:
(1)具有较小时差的活动;
(2)最迟完成时间最小的活动;
(3)需要资源量最多或最少的活动;
(4)工期较短或工期较长的活动。

优先原则可基于不同的基础进行:
(1)以项目的活动的最迟开始为基础;
(2)以项目中各个活动对资源的需求为基础;
(3)以综合资源为基础。

在综合考虑其他因素时,通常要修改上面提到的一些优先原则。这些因素主要有:
(1)活动的时差,包括总时差、自由时差;
(2)活动的最早开始、最迟开始、最早完成和最迟完成时间;
(3)活动的持续时间;
(4)紧前或紧后活动的数量;
(5)包含活动的最长活动序列的长度;
(6)包含活动的具有最大资源需求的活动序列。

(四)利用约束条件进行项目管理

瓶颈资源由于在使用上受到诸多限制,常常导致项目活动的延期完成。如果一个项目需要多种资源,那么瓶颈资源可能会减少那些昂贵资源或稀缺资源的使用,而增加这些瓶颈资源,相对来说是比较便宜的。

【举例】

在工程项目中,施工单位通常租借多台起重机(贵重资源)。如果给每台起重机只配备一个操作工,可能会导致起重机被闲置。从经济学的角度来说,在廉价资源不能充分使用的风险下,保证最大限度地使用贵重资源是合理的选择。所以,如果租借来的每台起重机,每天需要工作 14 个小时,而每个操作工每天能工作 8~10 小时的话,那么,合理的做法是雇佣两个操作工,共同使用 1 台起重机,实行两班轮换制。

(五)平行项目的管理

资源分配和资源均衡技术时,假设每个项目的实施都由一个组织进行单独管理。如果项目之间存在相关性,上述假设就不成立了。

1. 技术相关性

当项目之间存在逻辑关系时,就会产生技术相关性。

如某电子产品生产厂家现有两个项目:新型微处理器的开发和笔记本电脑的开发。如果工厂的最高管理者决定在笔记本电脑中使用新型的微处理器,那么电脑项目的成功取决于新型微处理器的完工。但是如果管理者认为这样做的风险太大,决定采用现有的微处理器,则两个原来平衡展开的项目之间就减少了相关性。

2. 资源相关性

如果两个或者更多的项目争相使用相同资源时,就会产生项目之间的资源相关性。

在上面的例子中,工厂的电子工程师可能与两个项目都有关系,项目管理人员必须决定如何分配他的时间。可以采用前面讨论过的优先原则来解决问题。

3. 预算相关

当几个项目竞争相同的资金或者将从某个项目中获得的收入弥补其他几个项目的支出时,就存在预算相关性。

此时唯一的办法就是协调好有关的项目。

在处理平行进行的项目时,经常要用到为单个项目进度计划的制定而开发的技术。可以根据各个项目之间的逻辑关系把所有项目联系起来绘制一个网络,或者通过假定所有项目具有相同的开始节点和完成节点,把多个项目作为一个项目来看待。这样,那些为单个项目的资源管理所开发的技术,也同样可以使用。

四、实验步骤

(一)分析并找出进度及资源/费用偏差和原因

作为项目的管理者,该工程的项目经理应该认真分析进度落后的原因,同时,该项目经理也应分析成本控制的问题。

(二)针对进度和费用问题采取措施

对于进度和资源/费用问题所采取措施与之前所叙述的过程相同。

(三)重新调整进度和资源/费用计划

计划调整后,让 Project 2013 重排进度计划。

(1)单击视图菜单中的甘特图命令。

(2)在任务名称域中,选择想要重排其日程的任务。如果想要重排项目中所有剩余工时的日程,请不要选择任何任务。

(3)指向工具菜单中的跟踪子菜单,然后单击更新项目命令。

(4)单击重排未完成任务的开始时间复选框,然后输入日期,以便从该日期起重排所有剩余工时的日程。

(5)如果要重排整个项目的日程,请单击完整项目单选钮。如果只要重排选定任务的日程,请单击选定任务单选钮。

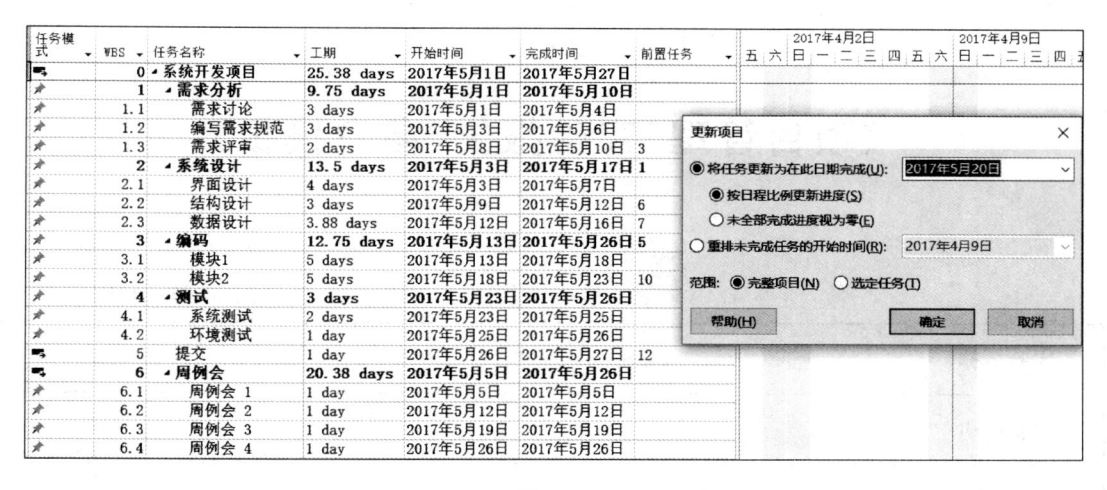

实验八 进度、资源、费用联合的控制和管理

任务模式	WBS	任务名称	工期	开始时间	完成时间	前置任务
	0	▲系统开发项目	25.38 days	2017年5月1日	2017年5月27日	
	1	▲需求分析	9.75 days	2017年5月1日	2017年5月10日	
	1.1	需求讨论	3 days	2017年5月1日	2017年5月4日	
	1.2	编写需求规范	3 days	2017年5月3日	2017年5月6日	
	1.3	需求评审	2 days	2017年5月8日	2017年5月10日	3
	2	▲系统设计	13.5 days	2017年5月3日	2017年5月17日	1
	2.1	界面设计	4 days	2017年5月3日	2017年5月7日	
	2.2	结构设计	3 days	2017年5月9日	2017年5月12日	6
	2.3	数据设计	3.88 days	2017年5月12日	2017年5月16日	7
	3	▲编码	12.75 days	2017年5月13日	2017年5月26日	5
	3.1	模块1	5 days	2017年5月13日	2017年5月18日	
	3.2	模块2	5 days	2017年5月18日	2017年5月23日	10
	4	▲测试	3 days	2017年5月23日	2017年5月26日	
	4.1	系统测试	2 days	2017年5月23日	2017年5月25日	
	4.2	环境测试	1 day	2017年5月25日	2017年5月26日	
	5	提交	1 day	2017年5月26日	2017年5月27日	12
	6	▲周例会	20.38 days	2017年5月5日	2017年5月26日	
	6.1	周例会 1	1 day	2017年5月5日	2017年5月5日	
	6.2	周例会 2	1 day	2017年5月12日	2017年5月12日	
	6.3	周例会 3	1 day	2017年5月19日	2017年5月19日	
	6.4	周例会 4	1 day	2017年5月26日	2017年5月26日	

更新项目
- ● 将任务更新为在此日期完成(U)：2017年5月20日
  - ● 按日程比例更新进度(S)
  - ○ 未全部完成进度视为零(E)
- ○ 重排未完成任务的开始时间(R)：2017年4月9日

范围：● 完整项目(N) ○ 选定任务(T)

帮助(H) 确定 取消

图 8-6

《项目管理》实验报告（参考模板）

实验成绩：_____

实验名称	
实验日期	
姓名与学号	
实验目的	
实验内容	
实验步骤	
总结与体会	

《项目管理》实验报告

实验成绩：

实验名称	"税务系统升级"项目任务和任务关系的确定
实验日期	2015/12/14
姓名与学号	周慧清 2012128712 刘怡君 2012118241 李灿 2012118137
实验目的	按照课程讲述的方法对"税务系统升级"项目进行任务分解，利用 Project 进行任务安排与设定。
实验内容	(1)掌握如何在项目中建立任务 (2)掌握如何输入任务的工期 (3)掌握如何调整任务的层次
实验步骤	1. 建立任务 创建一个新的项目文件后，接下来开始进行任务的创建。 (1)任务建立： □ 在甘特图界面，点击"任务"选项卡下的"任务"，双击任务名称，跳出"任务信息"对话框，如下图所示； □ "名称"域中输入项目的任务名称，包括"申请新税控机""购买新设备""开通金税盘""安装电脑及税控软件""注销旧的税控机"等； □ 输入所有的任务直到最后。 (2)里程碑建立： □ 双击任务名称"开通金税盘"，跳出"任务信息"对话框，点击"高级"选项卡，勾选"标记为里程碑"，如下图所示。

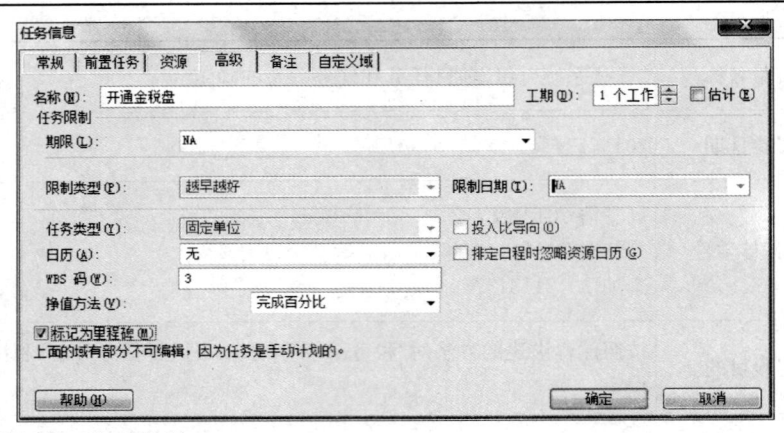

2. 安排任务工期及排程
(1) 安排任务的进度：使用"任务信息"对话框设置各任务的工期；
(2) 进行任务排程：用鼠标左键拖动甘特图的任务条形图，通过改变其位置来进行排程； 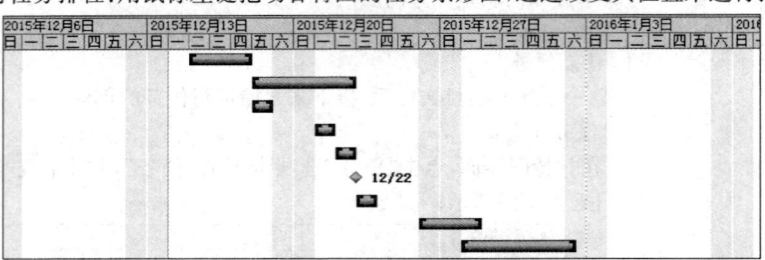
(3) 周期性任务：点击"任务"选项卡下的"任务周期"，跳出"周期性任务信息"选项卡，输入任务名称"例会"，并设置重复方式，如下图所示。

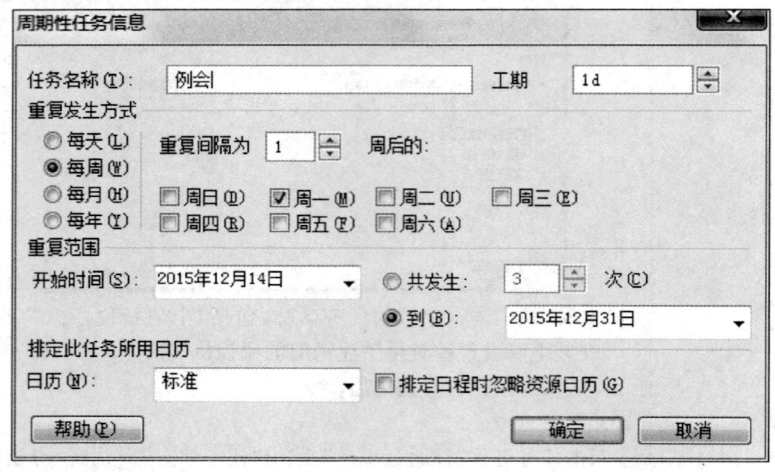

3. 建立任务大纲结构
将创建好的任务，进一步分解，完成 WBS。
(1) 单击"任务名称"域的列标题；
(2) 选择【插入】→【列】命令，右击列标题，选择"域设定"，弹出"字段设置"对话框，如下图所示；

续表

	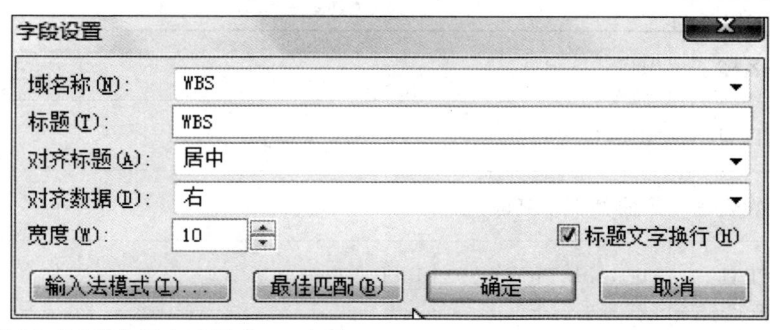 ![字段设置对话框] （3）在"域名称"列表框中选择 WBS 选项； （4）在"对齐数据"列表框中选择"居中"选项； （5）单击"最佳匹配"按钮； （6）选中第 3～5 行，点击"任务"选项卡中的"降级任务"，生成结果如下图所示。 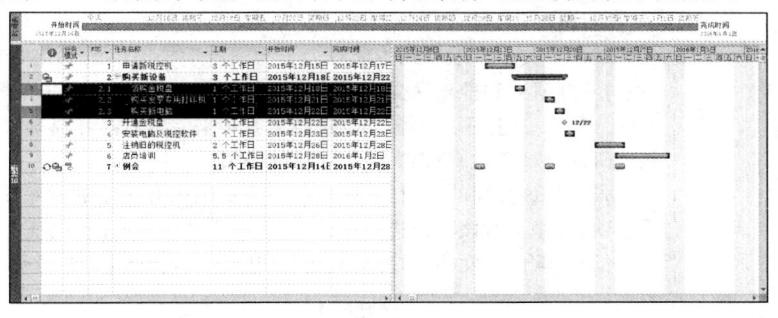 ![任务列表截图]
总结与体会	项目计划便于高层管理部门与项目经理、职能经理、项目组员及项目委托、承包商之间的交流沟通，是沟通的最有效工具。工作分解结构图（WBS）可以将项目分解到相对独立的、内容单一的、易于成本核算与检查的工作单元，并能把各工作单元在项目中的地位与构成直观的表示出来。利用 Microsoft Project 软件，方便项目管理人员快速有效的制作 WBS 图，清晰地把握各项目的时间点及进度，从而更好地完成项目管理。

《项目管理》实验报告

实验成绩：

实验名称	项目估算预算
实验日期	2015/12/20
学号姓名	靳曲 2013111953
实验工具	Microsoft Project 2013 Professional
实验目的	了解和应用 Project 项目估算预算的内容
实验内容	对项目管理文件进行估算预算管理相关操作
实验步骤	一、项目概况： 　　某信息技术有限公司主要致力于为国内学校提供信息化服务，成立业内一流的研发中心，不断研究和推出深受用户欢迎的软件产品，客户遍布中国每个省、市、自治区。公司创立八年来，通过不断加强和改进技术管理来完善产品和提升服务品质，已成为中国教育软件研发领域通过 CMM3 评估项目的公司。 　　张工是该公司的项目经理，目前正负责国内某大学教学系统的开发项目。在项目正式立项后，张工对该项目进行估计：完成它需要多少时间，以及完成它需要多少成本。 二、对于该软件开发项目，先对其进行 WBS 工作分解，如下图所示： 三、用 project 软件建立相应的项目初始计划表，如表 1 所示： 表 1　项目初始计划表 四、同时编制资源工作表，如表 2 所示：

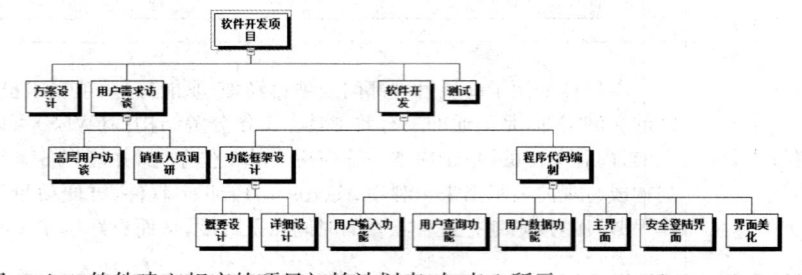

续表

表2 资源工作表

资源名称	类型	缩写	最大单位	标准费率	加班费率
小李	工时	李	100%	¥80.00/工时	¥50.00/工时
小王	工时	王	100%	¥80.00/工时	¥50.00/工时
小朱	工时	朱	100%	¥80.00/工时	¥50.00/工时
小赵	工时	赵	100%	¥80.00/工时	¥50.00/工时

五、为了说明与项目相关的任务与时间的组合,由软件生成甘特图及相应的资源使用情况,如表3和表4所示:

表3 项目实施甘特图

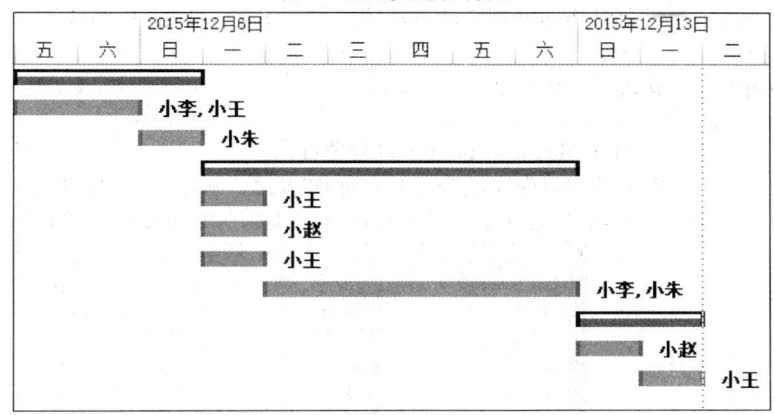

表4 资源使用情况

由上可得:

项目总成本的估算为:274 960 元

项目工期计算为:160 工时

总结与体会	通过一个学期对本课程的学习,了解到项目管理是为了使软件项目能够按照预定的成本、进度、质量顺利完成而进行分析和管理的活动。软件项目的管理有利于将个人开发能力转换成企业的开发能力。软件项目的管理不善的问题依然存在,这和其他管理也有相关性,因此我认为提高项目管理的能力对于软件组织生产力的提高是极为重要的。

《项目管理》实验报告

实验成绩：

实验名称	项目时间管理
实验日期	2015.12.27
姓名与学号	敖婧 2012116139 周徐铭 2012116102
实验目的	学会用 Project 制定计划表，利用甘特图对项目进行时间管理
实验内容	输入项目安排，进行时间管理
实验步骤	1. 打开 Microsoft project，新建项目。 2. 输入项目内容，包括工序名称，以及之前制定好的起止日期。 　本项目是我们的自身经历项目，但是因为时间久远，只能得到大概的编排时间。 　其中任务模式选择自动模式，但系统提醒的任务链接应谨慎选择。 3. 任务滚动 　点击任务栏右上角； 　将工序转化成如下图的甘特图；

续表

	得到直观的显示图后我们可以发现,由于节目编排的早期可以先确定好节目内容,道具采买和演员排练可以比较早地进行,不用一定等到节目编排全体结束。进行更合理的时间安排,对后续项目可能出现的风险控制以及项目准备留出了更多时间。 4. 拖动图中代表"道具采买""演员排练"的第三、第四个条形,得到以下的图: 同时,输入栏中的日期也发生了相应的变化。 (备注:日期确已改变,单元格未展开) 我们得到了更合理利用时间的项目安排。
总结与体会	项目时间管理十分重要,时间在每个工序上的分配直接影响到项目的最终完成速度和质量。Microsoft Project 是项目管理中的常用软件,本次我们通过了对自己以前接触过的项目的再次分析,对 Project 的功能和操作有了初步认识,利用里面的甘特图视图功能,直观展示了各个工序的顺序以及所需时间和时间安排,可以让我们更快发现其中的不合理或者待改进处,进行有效的改进,从而提高整个项目的效益。 　　这次我们用的项目虽然简单,但也感受到了 Project 的强大功能。这次实验对于今后我们的工作学习都有很大的启发作用。

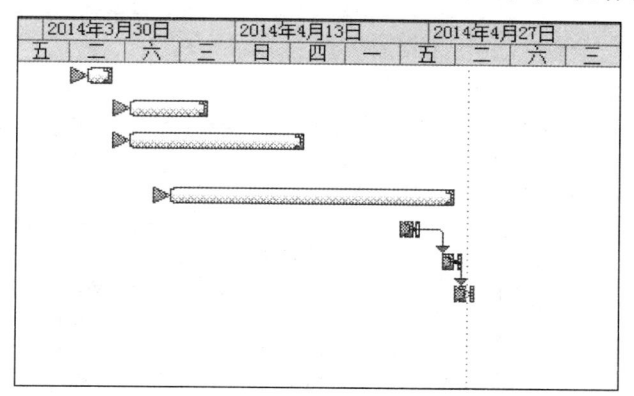

《项目管理》实验报告

实验成绩：

实验名称	项目资源管理
实验日期	2015.12.20
姓名与学号	刘雅琦 2013110598
实验目的	了解和应用 Project 项目资源管理的内容
实验内容	对项目管理文件进行资源管理相关操作
实验步骤	1. 新建一个空白项目，设置项目总体信息 2. 输入项目任务

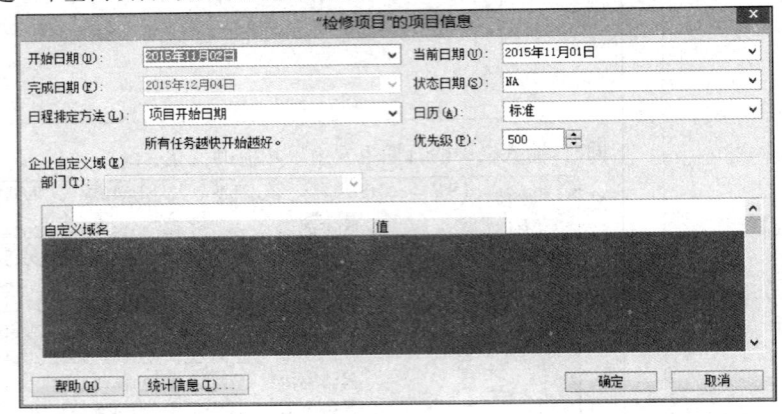

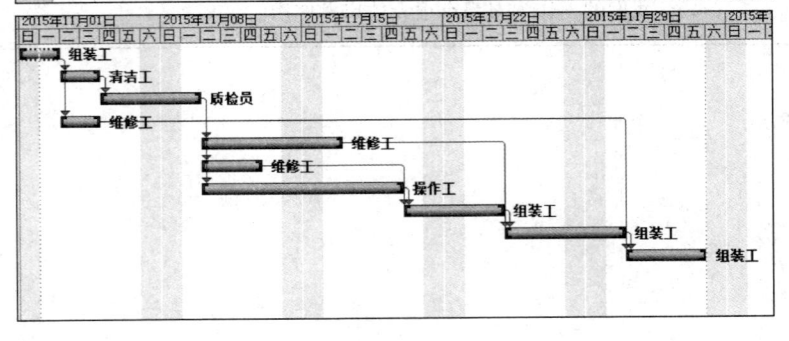

续表

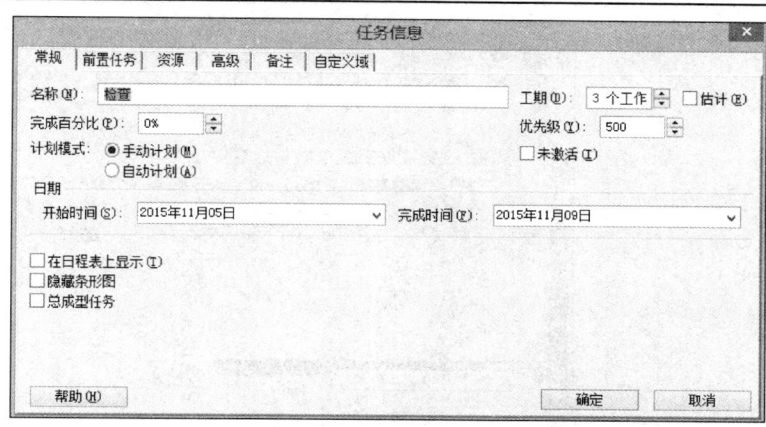

3. 输入资源数据

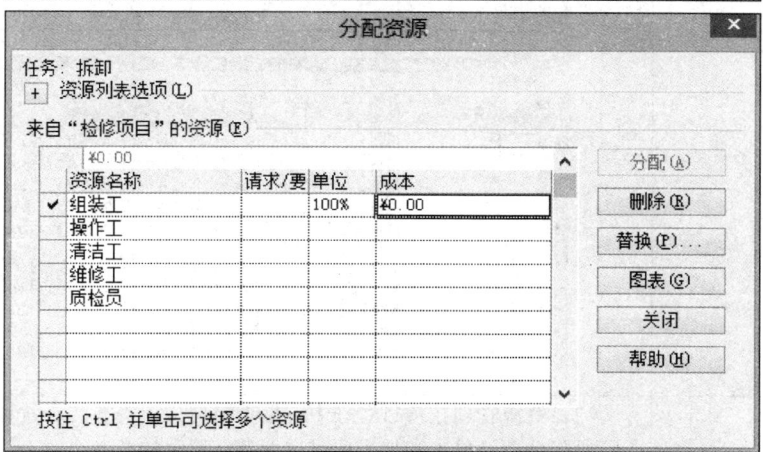

续表

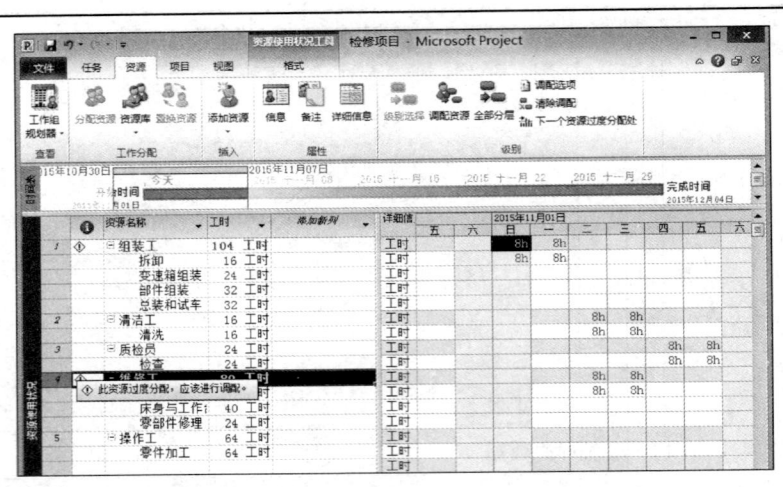

4. 调配资源

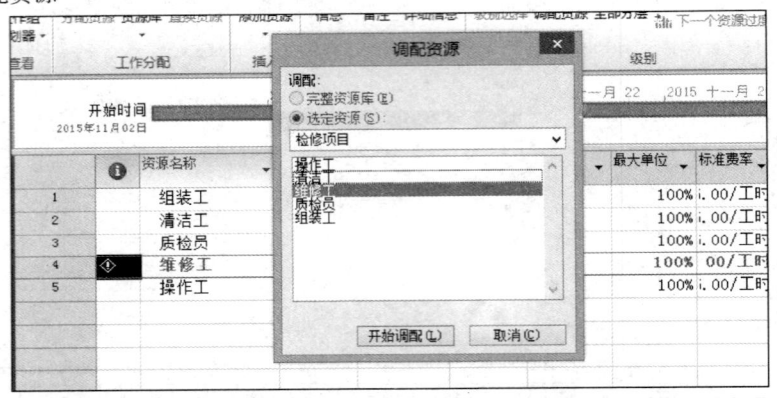

总结与体会	项目资源管理在项目管理中占据重要地位。资源的有效利用对在项目寿命周期的各个阶段降低项目成本和加快项目进度都有很大的意义。 　　由于我所分到的章节项目沟通与冲突管理与 Project 软件的使用并无关系，至少我没有从中发现如何将案例转换为一个实验，在软件中操作应用。所以我选择了项目资源管理，另找了一个简单的案例进行实验。 　　实验主要涉及建立项目，输入项目任务、资源数据及调配资源。在这个过程中，我尝试着使用 Microsoft Project 软件，感受到了软件给项目管理带来的便捷。遗憾的是没能做更多实验，没能更深入地了解 Project 软件、操作软件。有机会的话，尝试着运用还是有必要的。这也是实验的意义所在。

《项目管理》实验报告

实验成绩：

实验名称	项目进度管理
实验日期	2015 年 12 月 16 日星期三
姓名与学号	张球基 2012114015 殷意成 2012118315 陈正炜 2012116445
实验目的	将施工进度计划编制得层次分明
实验内容	将工序的分段流水根据层次进行组合，再根据使用者的不同要求，将分段流水的层次进行隐藏和显现。分段流水的组合分一级组合、多级组合、重叠组合。
实验步骤	步骤1：输入任务工期和任务名称 　　具体步骤如下： 　　在任务栏中输入任务名称并在任务的"工期"微调框中键入所需的工期，格式是工作日。按下 ENTER 键。 |		任务模式	任务名称	工期
---	---	---	---	---
1		📌	挖掘	2 个工作日
2		📌	打地基	4 个工作日
3		📌	承重墙施工	10 个工作日
4		📌	封顶	6 个工作日
5		📌	安装外部管道	4 个工作日
6		📌	安装内部管道	5 个工作日
7		📌	外墙施工	7 个工作日
8		📌	外墙上漆	9 个工作日
9		📌	电路铺设	7 个工作日
10		📌	竖墙板	8 个工作日
11		📌	铺底板	4 个工作日
12		📌	内部上漆	5 个工作日
13		📌	安装外部设备	2 个工作日
14		📌	安装内部设备	6 个工作日	 步骤2：设定项目工作日历 　　具体步骤如下： 　　选择"项目"菜单下的"更改工作时间"，将默认的非工作日时间修改为周六上班，周日休息，如下图所示：

续表

	步骤3:定义任务的依赖关系 具体步骤如下: (1)选取"任务名称"栏中要按所需顺序连接在一起的两项或者多项任务。选取不相邻任务,可以按住Ctrl键并单击任务名称;若选取相邻任务则按住Shift键并单击希望连接的第一项和最后一项任务。 (2)根据任务之间的先后关系,建立任务之间的相关性(此时的时间相关性为"完成一开始"类型)。 (3)重复上面步骤,直到所有的任务建立了关联性。 (4)需要改变或删除任务相关性时,可以直接在条形图之间的连线上双击鼠标,便会出现标题为"任务相关性"的对话框供修改。 | 序号	任务模式	ⓘ	任务名称	工期	开始时间	完成时间	前置任务 | |---|---|---|---|---|---|---|---| | 1 | | 📌 | 挖掘 | 2 个工作日 | 2015年12月21日 | 2015年12月22日 | | | 2 | | 📌 | 打地基 | 4 个工作日 | 2015年12月23日 | 2015年12月26日 | 1 | | 3 | | 📌 | 承重墙施工 | 10 个工作日 | 2015年12月28日 | 2016年1月7日 | 2 | | 4 | | 📌 | 封顶 | 6 个工作日 | 2016年1月5日 | 2016年1月11日 | 3 | | 5 | | 📌 | 安装外部管道 | 4 个工作日 | 2016年1月11日 | 2016年1月14日 | 3 | | 6 | | 📌 | 安装内部管道 | 5 个工作日 | 2016年1月15日 | 2016年1月20日 | 5 | | 7 | | 📌 | 外墙施工 | 7 个工作日 | 2016年1月13日 | 2016年1月20日 | 4 | | 8 | | 📌 | 外墙上漆 | 9 个工作日 | 2016年1月22日 | 2016年2月1日 | 5,7 | | 9 | | 📌 | 电路铺设 | 7 个工作日 | 2016年1月12日 | 2016年1月19日 | 3 | | 10 | | 📌 | 竖墙板 | 8 个工作日 | 2016年1月22日 | 2016年1月30日 | 6,9 | | 11 | | 📌 | 铺底板 | 4 个工作日 | 2016年2月3日 | 2016年2月6日 | 10 | | 12 | | 📌 | 内部上漆 | 5 个工作日 | 2016年2月2日 | 2016年2月8日 | 10 | | 13 | | 📌 | 安装外部设备 | 2 个工作日 | 2016年2月4日 | 2016年2月5日 | 8 | | 14 | | 📌 | 安装内部设备 | 6 个工作日 | 2016年2月10日 | 2016年2月16日 | 11,12 | (甘特图)
总结与体会	项目进度管理在项目管理中占据重要地位,制定项目进度计划的目的是控制项目时间和节约时间,而项目的主要特点之一,就是有严格的时间期限要求,由此决定了进度计划在项目管理中的重要性。 Project软件上手容易,使用方便,设计合理,大大提高了项目管理工作者的工作效率,节约了时间。 甘特图在WBS的基础上进行了带日期的工作任务分配,其优点在于使进度计划更为直观,也可以显示逻辑关系。 学会使用Project软件使我们对课本上有关进度计划管理的相关知识有了更深入的了解,为将来的相关工作打下了基础。

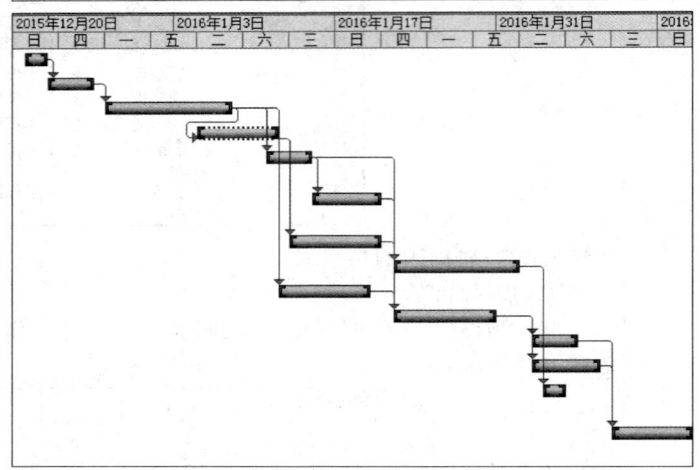

《项目管理》实验报告

实验成绩：

实验名称	项目进度管理
实验日期	2015.12.21
姓名与学号	程雅沁 2012125809 潘元苑 2012128716 王罗斯 2012113529
实验目的	了解和应用 Project 项目进度计划管理的内容
实验内容	运用 Project 对工程项目进度计划进行模拟操作
实验步骤	1. 打开计划 　　某经贸大厦维修计划。 2. 确定工期 　　施工工期为 2005 年 9 月 20 日开工，共 120 个工作日。 3. 确定施工计划 　　(1)输入施工计划及工作日期 |	任务模式	任务名称	工期	开始时间	完成时间	前置任务	资源名称
---	---	---	---	---	---	---	---
1	★	经贸大厦维修	120 个工作日	2005年9月20日	2006年3月6日		
2	★	框架	60 个工作日	2005年9月2	2005年12月		
3	★	屋面	30 个工作日	2005年12月	2006年1月2	2	
4	★	外墙	90 个工作日	2005年12月	2006年4月1	2	
5	★	门窗	75 个工作日	2006年4月1	2006年7月3	4	
6	★	卫生管道	45 个工作日	2006年4月1	2006年6月1	4	
7	★	电气	60 个工作日	2006年8月1	2006年10月3	3,5	
8	★	内部装修	120 个工作日	2006年10月	2007年4月9	6,7	
9	★	外部油漆	90 个工作日	2006年8月1	2006年12月	3,5	
10	★	验收	39 个工作日	2007年4月1	2007年6月1	8,9		 (2)建立甘特图 (3)建立项目逻辑关系,连接任务

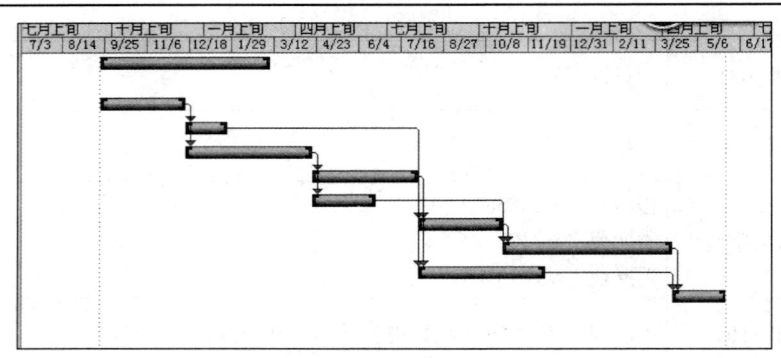

续表

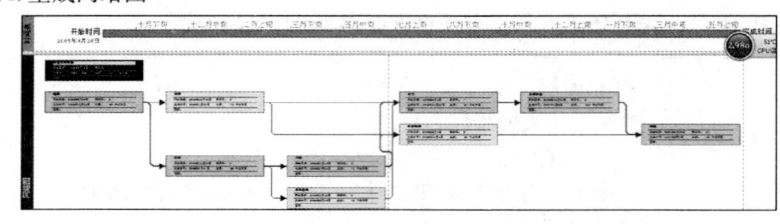

	(4) 生成网络图
总结与体会	项目进度计划的安排在整个项目管理中占有十分重要的地位，进度计划的合理安排直接关系到整个项目是否能如期竣工。 　　作为初学者，这次实验我们选择了工序较为简单的一个工程项目，运用 Project 为其制作进度计划。在制定项目的进度计划时，首先要确定一共有几道工序和任务，并确定每个任务的时长与起止时间。而各个任务的逻辑关系是进度计划安排中重要的一步，关系着各个任务中的顺利连接与整个进度计划的顺利展开。 　　在 Project 中，我们可以清晰地看到整个工程项目中每个任务所需的时间与安排，为真正的项目实施奠定了坚实的基础。 　　通过这次实验，我们也意识到了 Project 这一软件在项目管理中的重要性。它可以利用计算机根据我们所提供的信息(包括预计完成的任务、执行这些任务的人员、用来完成任务的设备和材料以及项目所提供的一些必要的资源和相关的成本)计算并建立一个工作计划，使我们的工程项目管理更加科学化，并且提高我们的工作效率。

《项目管理》实验报告（参考）

实验成绩：

实验名称	项目计划
实验日期	2015.12.20
姓名与学号	马筱筠 2013110042 王璇璇 2012128825 李璇 2012128942
实验目的	了解和应用 Project 项目计划的内容
实验内容	对项目管理文件进行计划管理相关操作
实验步骤	1. 打开计划 　　东方学院学生宿舍管理系统建设计划。 2. 确定工期 　　本部分主要针对项目的整个进程计划进行。其中包括了工作计划，人员组织计划和进度计划。涉及整个系统建设计划中每个时间段的工作日期，人员分工等。 　　（1）进行任务名称和时间的输入 　　（2）根据任务的先后顺序对任务进行链接

续表

任务名称	工期	开始时间	完成时间	前置任务
-学生宿舍卫生管理系统	177 个工	2010年10月15日	2011年6月20日	
+软件规划	8 个工作	2010年10月15日	2010年10月26日	
-需求开发	33 个工	2010年10月27日	2010年12月10日	2
需求确认	3 个工作	2010年10月27日	2010年10月29日	
+需求设计	33 个工	2010年10月27日	2010年12月10日	
需求验证	5 个工作	2010年11月23日	2010年11月28日	
需求开发评审	8 个工作	2010年11月29日	2010年12月8日	
需求分析完成	2 个工作日	2010年12月9日	2010年12月10日	
-软件结构设计	27 个工	2010年12月11日	2011年1月17日	6
软件结构建立	21 个工作	2010年12月11日	2011年1月7日	
软件结构设计评审	7 个工作	2011年1月8日	2011年1月15日	
软件结构设计完成	2 个工作	2011年1月16日	2011年1月17日	
+数据库设计	27 个工	2010年12月11日	2011年1月17日	6
+个人学习	24 个工	2011年1月17日	2011年2月17日	14,18
项目实施	35 个工作	2011年2月18日	2011年4月7日	23
系统集成完成	41 个工作	2011年4月8日	2011年6月3日	26
提交	11 个工作	2011年6月6日	2011年6月20日	27

(3)切换至资源分配表中输入资源

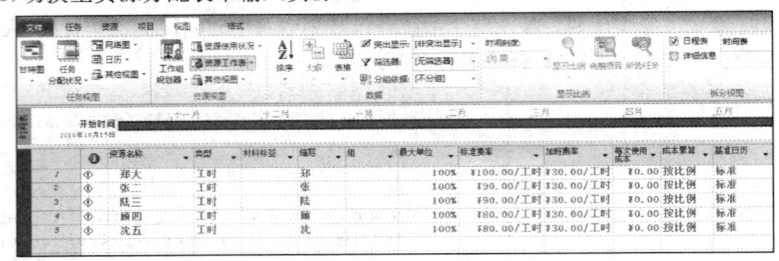

(4)对资源进行分配

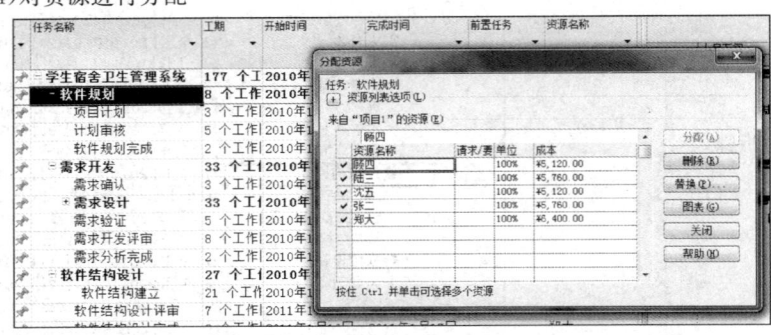

(5)形成最终的甘特图

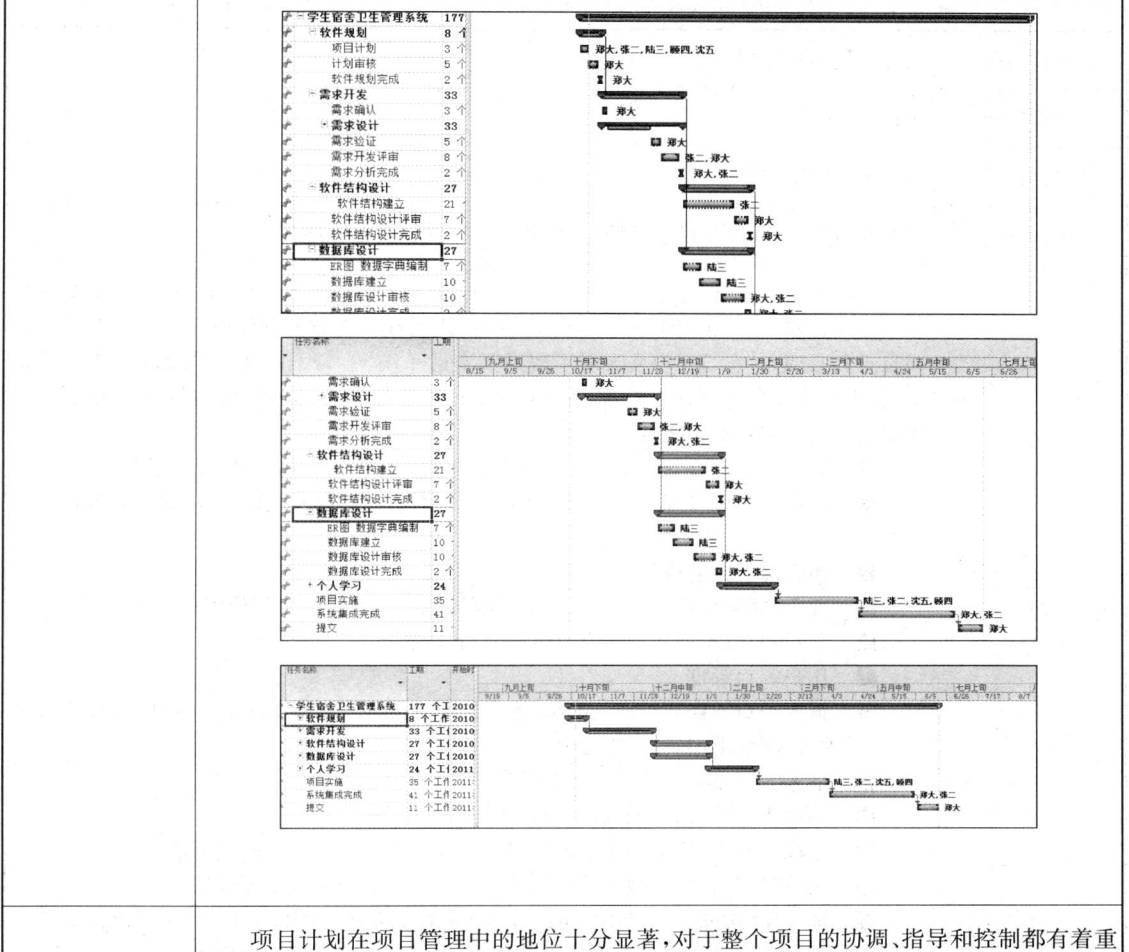

续表

	(甘特图)
总结与体会	项目计划在项目管理中的地位十分显著，对于整个项目的协调、指导和控制都有着重要的作用，通过对项目计划进行归纳和整理，可以保证整个项目的有序进行，同时借助软件的帮助，更灵活地应对项目进度过程中发生的各种修改与调整。

《项目管理》实验报告

实验成绩：

实验名称	系统开发项目管理（整体）
实验日期	2015—12—10
姓名与学号	朱喜华 2012114213
实验目的	了解和应用 Project 项目管理的内容，并对项目进度进行管理
实验内容	FG 公司主要经营电子类产品，目前拟开发一个电子商务网站，该网站要求从 2014 年 5 月 1 日起建设，2014 年 8 月 31 日之前正式上线。现委托 KD 项目组进行开发，KD 项目组共有四人，在与客户交流后了解了基本的系统需求，了解到该系统的主要需求如下：实现系统前台的信息浏览、商品订购和销售统计等功能，以及后台的各项管理功能，以满足网上商城的基本系统需求。包括： ■ 购物车管理　登录用户可以将感兴趣的商品加入购物车，便于商品购买 ■ 订单前后台管理　用户下订单后，可以对订单删除和更改商品，以及修改联系方式等 ■ 留言前后台管理 ■ 前台：登录用户可以对自己感兴趣的商品发表评论，为其他用户提供参考 ■ 后台：对电子商城的留言进行回复与改动 ■ 用户资料管理 ■ 输入用户的注册信息，包括（会员级别，登录账号，登录密码，核对密码，联系电话，联系地址，邮政编码，电子邮箱） ■ 输入完后可以保存用户注册信息 ■ 销售排行榜／商品浏览排行榜 ■ 某段时间内，购买的产品的数量排行榜。它是商家统筹的重要依据 ■ 某段时间内，商品被浏览的排行榜。它是商家统筹的重要依据 ■ 加入收藏功能　登录用户可以对感兴趣的商品加入收藏，便于商品的对比和购买 ■ 支付平台模拟　模拟支付宝平台，对用户和商家的请求做出回应 ■ 运输费用模拟　模拟快递公司，对不同地域的买家收取不同的运输费用 ■ 热门搜索词　用户搜索最频繁的词语 ■ 商品加入对比　将感兴趣的几件商品放在一起，就各项指标做对比 ■ 广告图片　提供图片、文字等广告服务 ■ 商品排序　按照价格、日期等对商品排序 ■ 最近浏览过的商品　记录用户最近浏览的商品，方便用户查看 ■ 浏览过该物品的用户还浏览过的物品及其他商品，用户可能感兴趣 ■ 友情链接　提供相关网站的链接 ■ 商品分类管理／商品信息管理／特价商品管理 ■ 增加、删除、浏览和更改商品的类别信息／商品详细信息／特价商品的详细信息 ■ 订单管理　删除、浏览和更改订单的详细信息 ■ 会员管理　增加、删除、浏览和更改会员的详细信息 ■ 系统用户管理　增加、删除、浏览和更改管理员的详细信息 ■ 商品输出管理　将商品信息以 EXCEL、XML 或 CVS 格式输出 ■ 热门搜索词管理　设定显示在前台的热门搜索词。 ■ 广告管理　广告的显示页面、广告文字和链接地址的管理 ■ 安全退出　用户登出，离开后台

续表

	项目组四人均为全职人员，为确保项目如期完成，项目组每周召开项目例会，并通过周报对项目的进度、质量、成本、问题和风险进行信息发布。项目每月进行项目小结，并发布项目总结报告。项目分为项目策划，需求分析，概要设计，详细设计，编程与测试，试运行等几个阶段。 　　通过技术核心小组的充分讨论，采用头脑风暴法，对项目进行详细工作分解结构，并对各个工作包工作量采用 PERT 评审技术进行估计。然后根据工作包的关联关系和项目的人员情况，进行进度计划的制定。 　　请根据上述要求，完成本项目的项目管理任务。
实验步骤	步骤1：制定项目开始时间和结束时间（日期范围），以便创建一个新文件。文件名为"姓名（或第 N 组）——项目管理过程实验"（N 为小组编号）。 　　具体工作步骤如下： （1）从"文件"菜单中选择"新建"命令，生成空白的甘特图视图。 （2）单击"文件"菜单下的"保存"命令，或从工具栏上的保存标识对文件进行保存。 （3）从"项目"菜单中选择"项目信息"命令，将弹出项目信息对话框。 （4）因为项目要求在四个月内完成且越快越好，因此在项目信息对话框的"日程排定方法"下拉列表中设置"从项目开始之日起"，并设置项目优先级。 步骤2： （1）输入任务。 （2）在原先任务基础上加入里程碑。 （3）将二级任务三级任务进行降级。

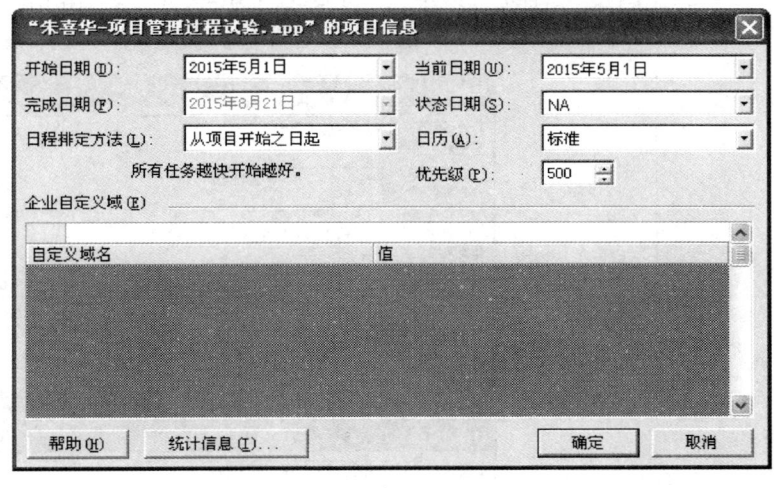

续表

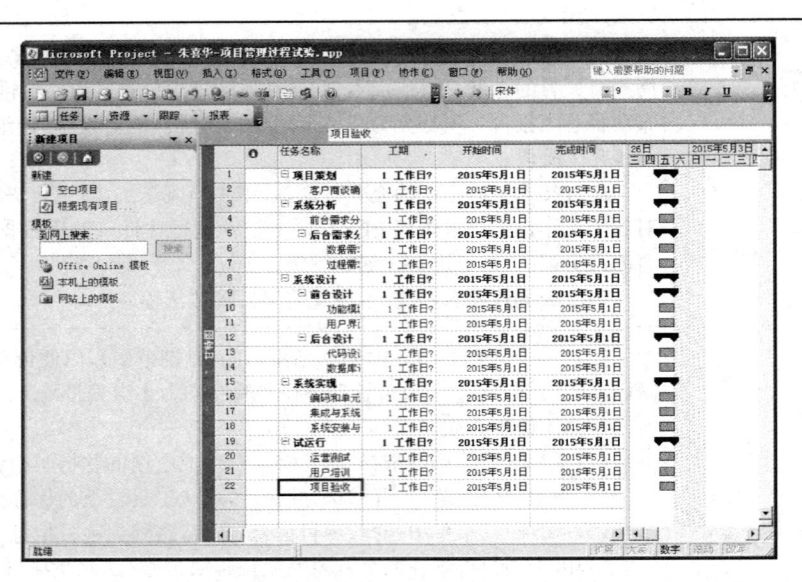

对于周期性任务，则在"插入"菜单中选择"周期性任务"命令，此时会出现"周期性任务信息"对话框，填入具体信息后单击"确定"按钮，甘特图中便会显示出该项周期性任务。添加周期性任务时，要注意将其添加在所有任务之前。

续表

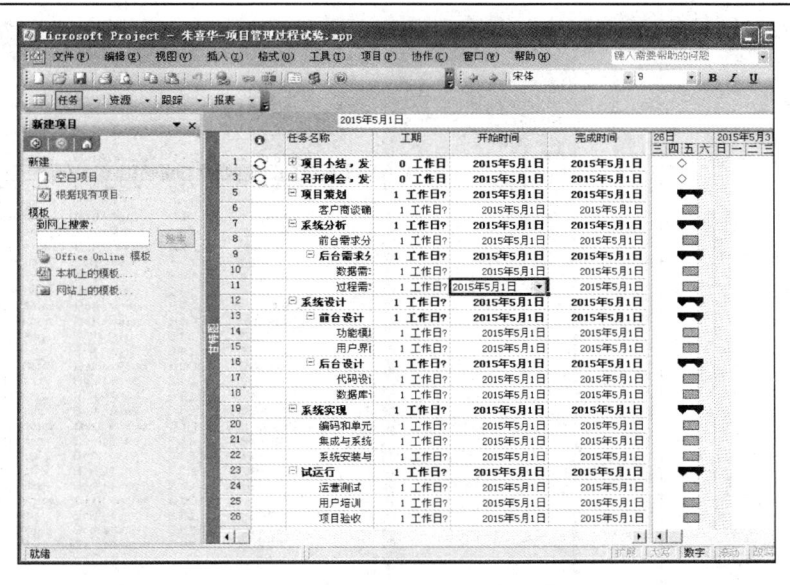

步骤 3:输入任务工期

具体步骤如下:

在任务的"工期"微调框中键入所需的工期,格式可以是月份、星期、工作日、小时或者分钟。此外,如果要表明该任务的工期是估计值,则应该在后面键入一个"?"。对于项目的里程碑,相应的任务工期应该为 0。

按下 ENTER 键。一级任务的工期由二级任务决定,依次类推,无法直接输入。

步骤 4:定义任务的依赖关系

项目中的任务在时间上的关联性分为如下 4 种情况:

完成—开始(FS):只有在任务 A 完成之后任务 B 才能开始。

开始—开始(SS):只有在任务 A 开始之后任务 B 才能开始。

完成—完成(FF):只有在任务 A 完成之后任务 B 才能完成。

开始—完成(SF):只有在任务 A 开始之后任务 B 才能完成。

具体步骤如下:

(1) 选取"任务名称"栏中要按所需顺序连接在一起的两项或者多项任务。选取不相邻任务,可以按住 Ctrl 键并单击任务名称;若选取相邻任务则按住 Shift 键并单击希望连接的第一项和最后一项任务。

(2) 根据任务之间的先后关系,单击工具栏上的"链接任务"标识,从而建立任务之间的相关性。注意此时的时间相关性为"完成—开始"类型。

(3) 重复上面步骤,直到所有的任务建立了关联性。

(4) 需要改变或删除任务相关性时,可以直接在条形图之间的连线上双击鼠标,便会出现标题为"任务相关性"的对话框供修改。

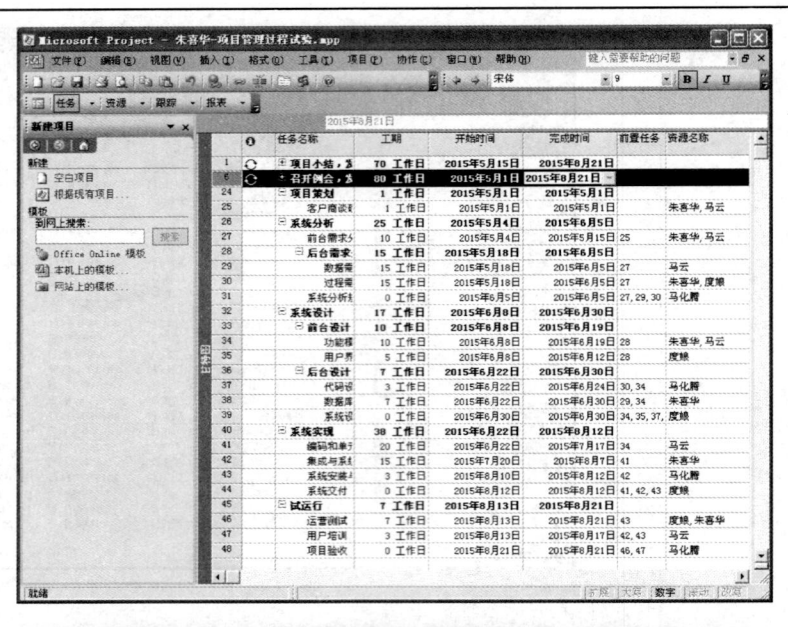

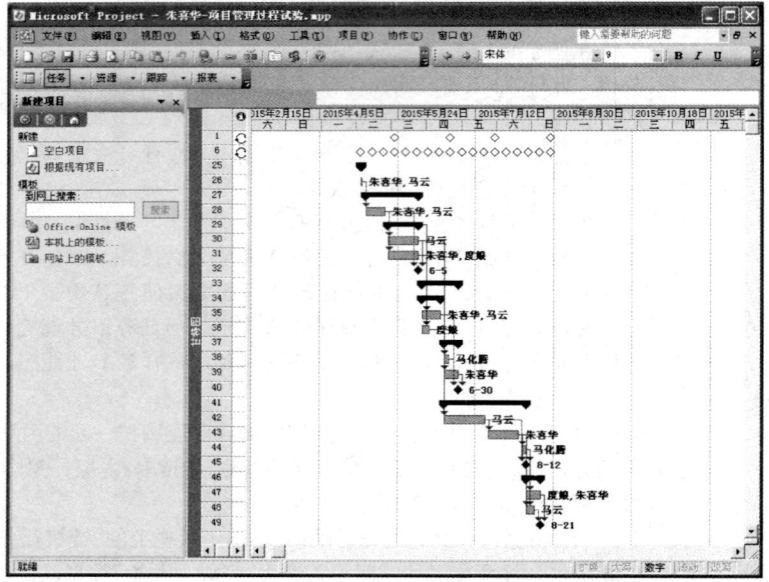

续表

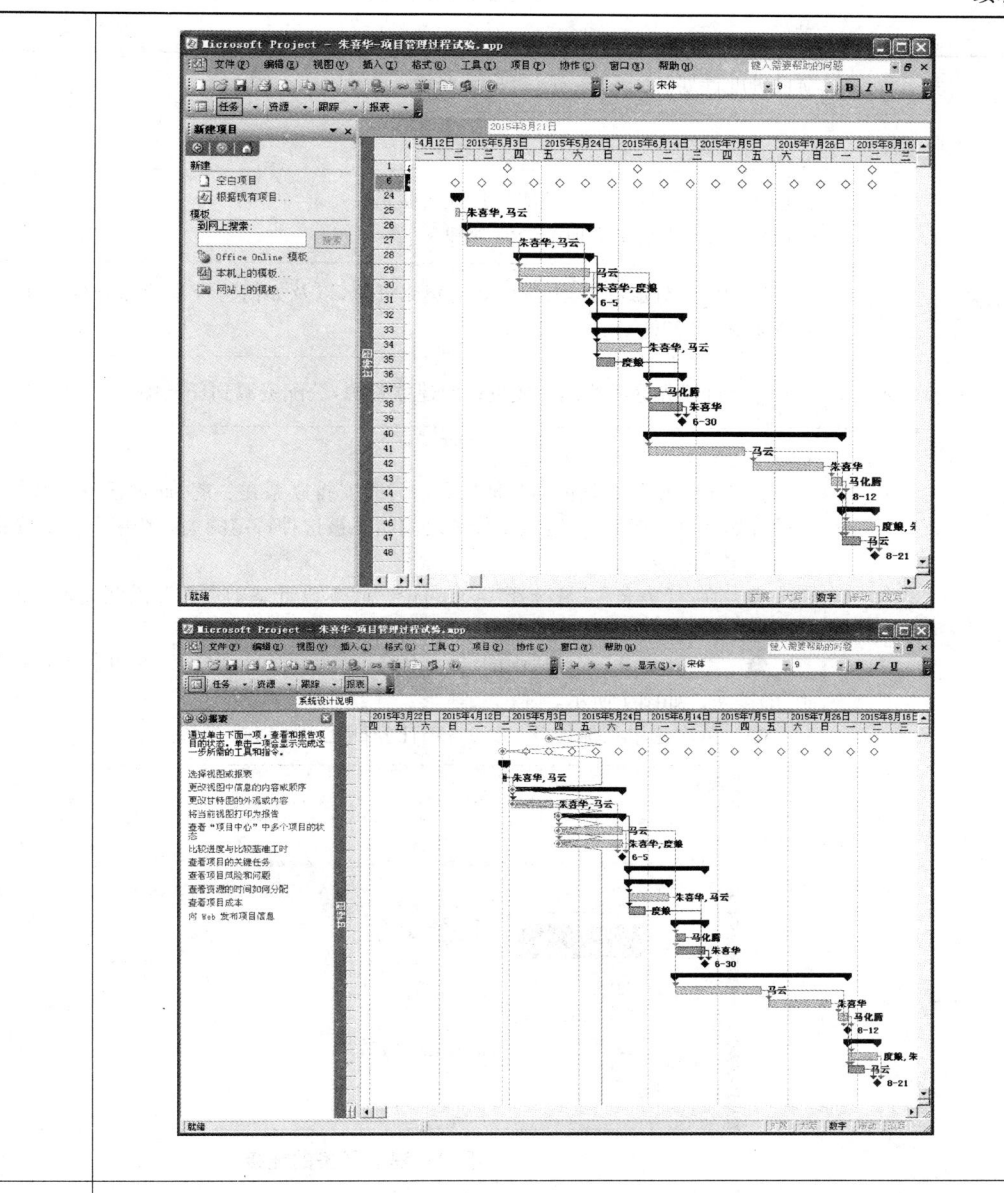

续表

	(甘特图截图)
总结与体会	更加理解项目在执行时是如何进行管理的。通过计算机软件可以及时对项目进行进度管理。

《项目管理》实验报告

实验成绩：

实验名称	项目进度计划的制定——以机房装修设计为例
实验日期	2015.12.24
姓名与学号	黄嘉爱 2012116304 公共经济与管理实验班 崔颖桐 2012126803 房地产经营管理
实验目的	掌握活动工作分派的方法；掌握如何建立资源，以及如何将资源分派到任务中；了解项目的资源分派情形。
实验内容	(1) 将项目任务分派给团队成员；(2) 建立资源，分配资源到任务中
实验步骤	3.1　任务的链接 　　任务的链接是将任务与其他任务的时间安排联系在一起，通过任务的链接而得到任务的开始或者完成时间，特点是任务之间始终被这种特定的关系约束着。实验步骤如下： 　　1. 建立链接 　● 在"任务名称"域选择"需求讨论""收集设计基础资料""勘测场地"和"了解材料行情"四个任务。 　● 单击"任务"工具栏中的[链接任务]按钮，即可以完成设置四个任务的"结束—开始"的关系。如图1所示。 　● 依次选中其他任务，直到每项任务都建立了链接关系。 图1　建立任务的链接 　　2. 删除链接 　● 由于"设计说明""设计图纸"两项任务有重合工作日，不存在"结束—开始关系"，选择两项任务，并取消链接的任务。 　● 单击"任务"工具栏中的【取消链接任务】命令。如图2所示。

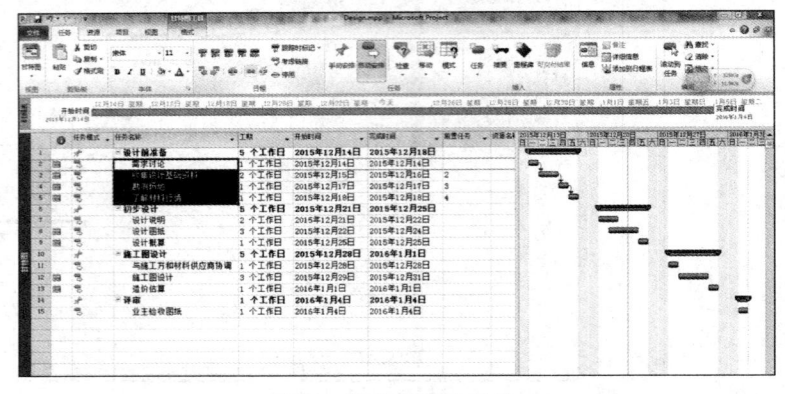

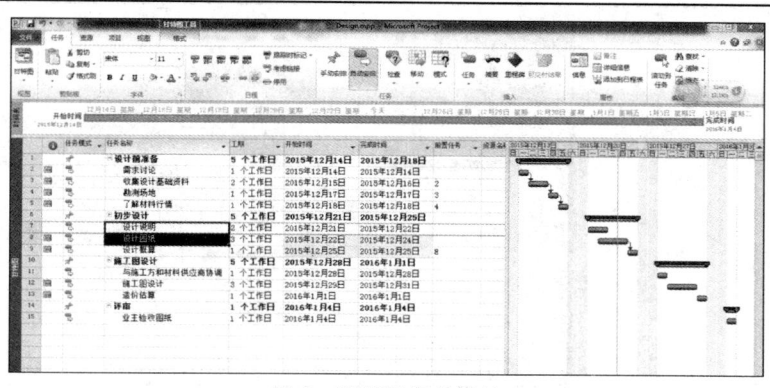

图 2　取消任务的链接

3.2　资源分配

为了完成任务必须为项目中的任务分配资源,在 Microsoft Project 中可以建立资源库,然后将资源库中的资源与项目的任务联系起来,也就是说分配具体的人员、设备等来完成工作。实验步骤如下:

1. 建立资源库

● 选择【视图】→【资源工作表】命令,切换到"资源工作表"视图。
● 在视图表中输入项目所有的资源信息名称,
ⅰ. 输入资源"A 设计师",设置其标准费率为 120 元/小时,加班费 150 元/小时;
ⅱ. 输入资源"B 工程师",设置其标准费率为 100 元/小时,加班费 110 元/小时;
ⅲ. 输入资源"C 施工队",设置其标准费率为 100 元/小时,加班费 110 元/小时;
ⅳ. 输入资源"D 机房负责人",设置其标准费率为 90 元/小时,加班费 100 元/小时,如图 3 所示。

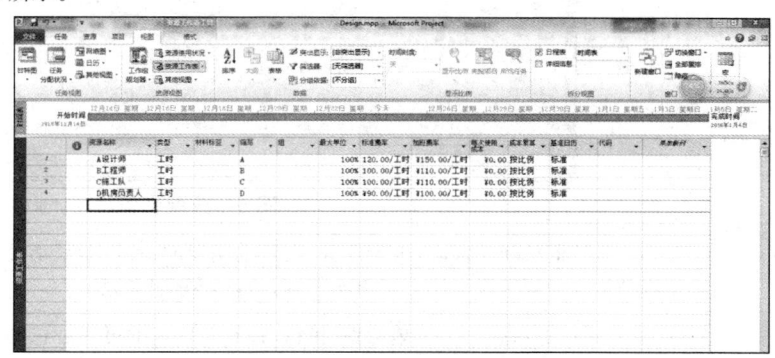

图 3　设置资源库

● 双击资源名称"A 设计师",设置其资源日历,在"常规"选项中的"更改工作时间"选项卡设置资源日历。将其资源日历设置为标准,即只工作日工作,每天工作 8 小时。如图 4 所示。

续表

	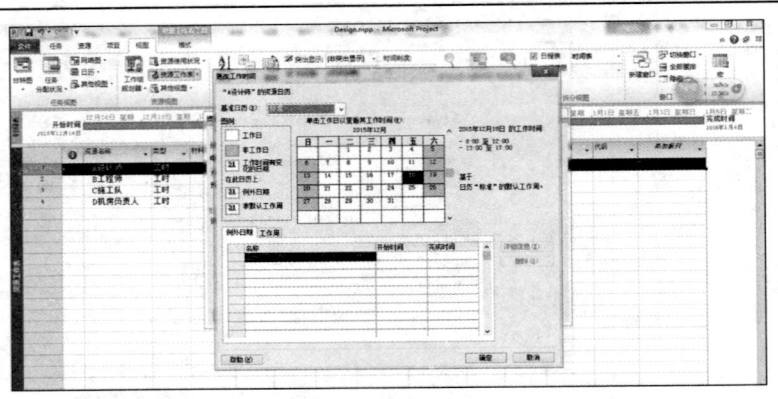 图 4　设置资源日历 2. 为任务分配资源 合理地向任务分配资源才能有效地完成项目任务： (1)切换到"甘特图"视图； (2)选择第一个任务"需求讨论"，选择【资源】→【分配资源】菜单命令； (3)在"分配资源"对话框，选择分配该任务的资源：A 设计师、B 工程师、D 机房负责人； (4)单击【分配】按钮，完成该任务的分配工作； (5)依次选中其他的任务，重复(2)到(4)直到所有的任务都分配了资源，见图 5； 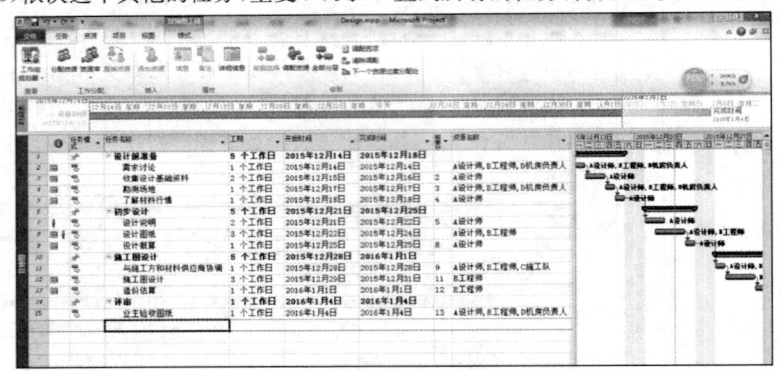 图 5　分配资源 (6)重新调配资源，由于任务"设计说明"和"设计图纸"有重合执行日，且人力资源都有"A 设计师"，因而计入了两次工资，应重新分配资源。
总结与体会	项目管理就是一个集计划、执行、检测和修正的过程。总的来说项目管理的计划主要都是基于项目进度计划编制的。 　　只有制定比较详尽的可操作的项目进度计划才可以统筹安排整个项目的管理工作，使得项目各方面的工作有条不紊地开展。在计划执行过程中要根据进度计划来进行相应的管理，要随时掌握项目实施动态，检查计划的执行情况。 　　项目的执行过程中难免会发生更改项目进度计划的行为，这会给项目带来很多工作计划的调整，后续的采购、人力配置和资金安排等都有可能受到影响。因而在进度计划的预安排上要注意其弹性问题。同时对可能改变进度计划的因素早发现、早更改和做好后续工作的安排工作，以保持项目的各项资源能够协调进行。

《项目管理》实验报告

实验成绩：

实验名称	项目计划编制
实验日期	2015 年 12 月 5 日
姓名与学号	刘念 2012116136 李诗吟 2012116107 石楠 2012125828
实验目的	了解和应用 Project 项目计划编制的内容
实验内容	根据项目信息进行计划编制相关操作
实验步骤	1. 建立项目 （1）打开 Microsoft project 软件，新建项目文件，项目为公管学院校庆活动。 （2）设置项目开始时间并更改工作时间。项目从 2014 年 10 月 27 日开始，周六周日同样需要工作，因此要将 Project 中默认的周六、周日非工作日全改为工作日，每天的工作时间也要修改。 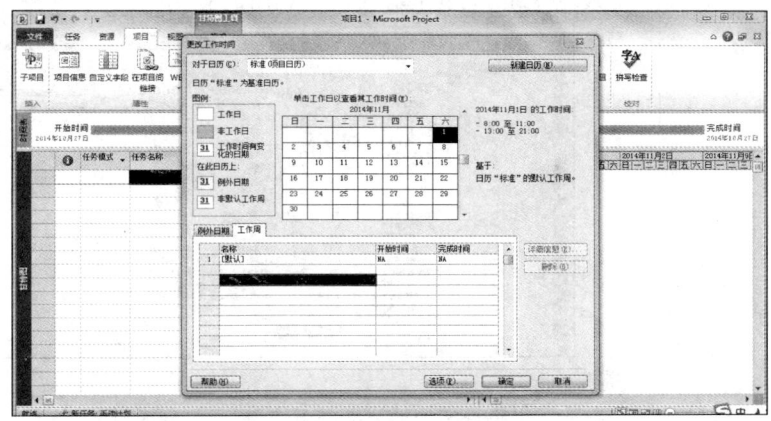 2. 建立任务 　　根据在建校 97 周年时公管学院举办的校庆活动，将其所需要完成的各项工作进行分解，建立任务。 （1）在甘特图中输入任务名称以及该项任务需要的周期和开始时间，建立任务，使用升级和降级的按钮设定任务级别，形成层次关系从而展示任务分解结构。 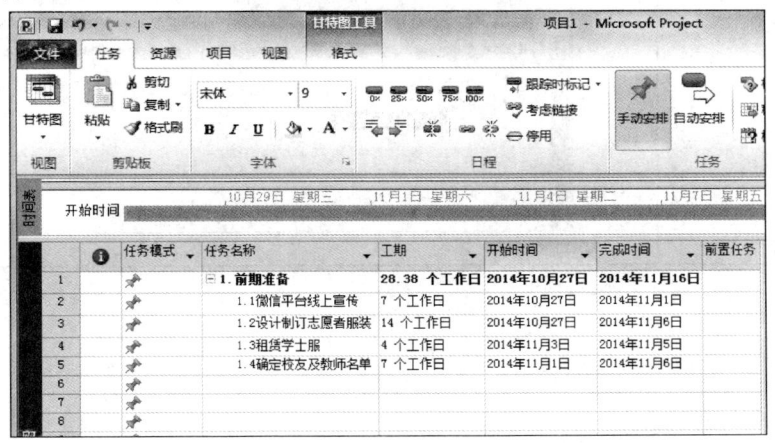

续表

(2)设定任务间的关系,有些任务可能必须在其他任务开始前完成,所以需要根据任务之间的连接关系输入前置任务,双击该项任务在前置任务中输入之前一项的标识号。

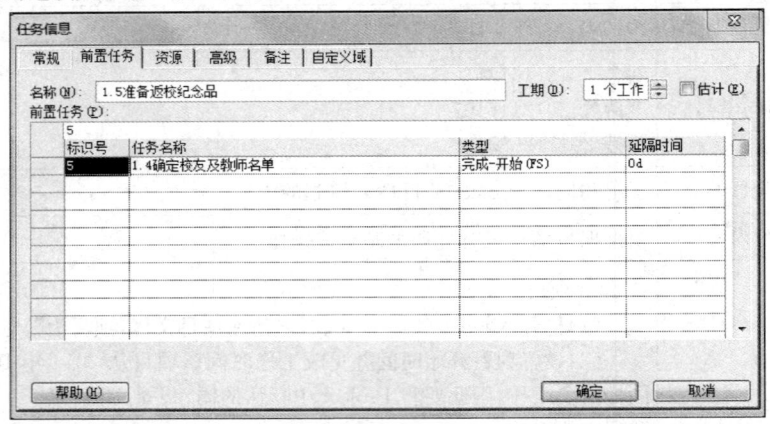

最终得到的完整任务,可以参见下图。

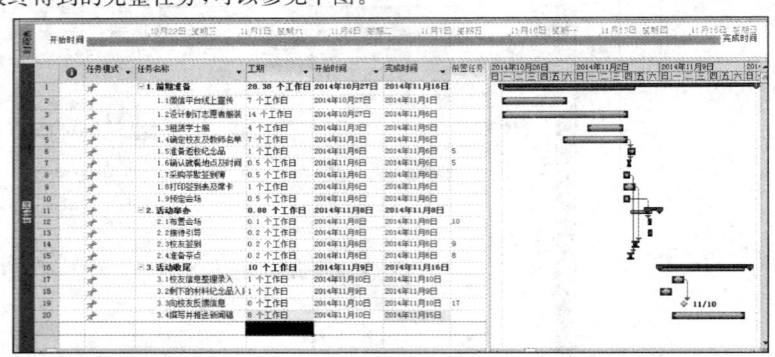

3. 资源分配

首先可以将视图切换为资源工作表,资源分为材料、工时和成本三种,可以进行详细设置。在甘特图中双击单个任务可以进行项目中的每个任务的资源分配。

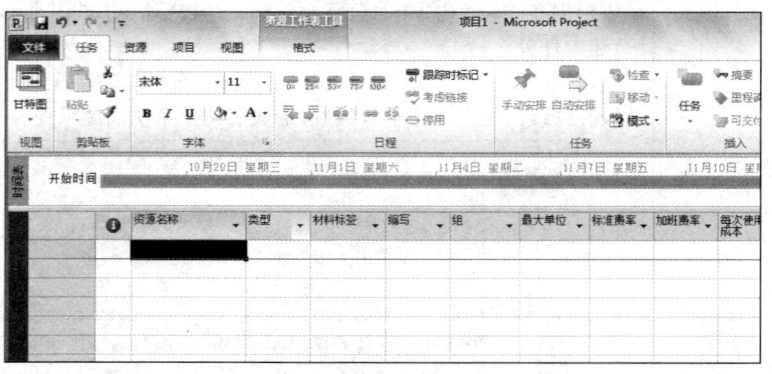

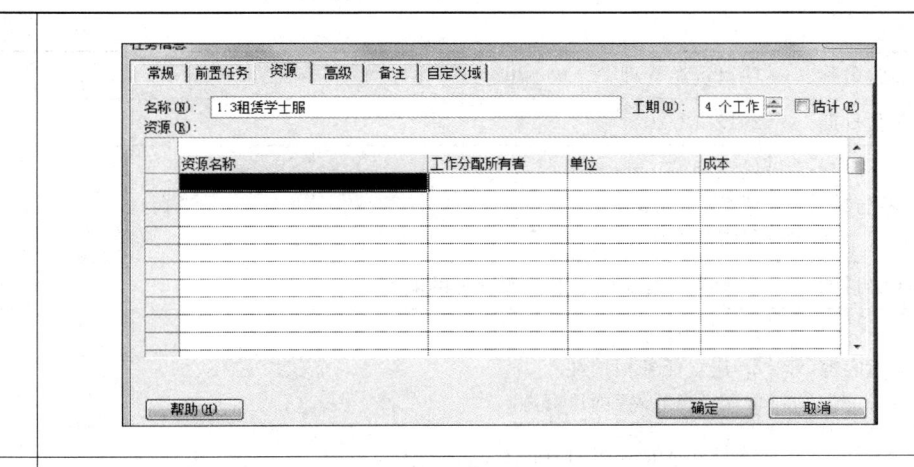

续表

	(任务信息对话框截图：常规、前置任务、资源、高级、备注、自定义域标签页；名称：1.3租赁学士服；工期：4个工作；资源列表含资源名称、工作分配所有者、单位、成本等列；底部有帮助、确定、取消按钮)
总结与体会	项目计划在项目管理中占据重要地位，项目计划可以明确项目团队必须完成哪些工作、由谁来完成、确定各项工作的开始时间，需要多少时间和成本。有了这一些具体的项目计划，也就有了监督、检查的依据，这样可以增强自觉性减少盲目性，从而也就可以合理地安排人力、物力、财力、时间等资源，使项目有条不紊地进行。通过合理充分地运用项目计划工具，可以制定更加完善的项目计划，并且能在项目实施过程中，根据实际进行检查调整，减少项目的不确定性，抑制不良风险，充分利用时间，提高项目成功的可能性。

《项目管理》实验报告

实验成绩：

实验名称	项目资源管理
实验日期	2015/12/20
姓名与学号	侯炜健 2013110596 贾继辉 2013111952 殷煜哲 2013110917
实验目的	了解在项目管理中对资源管理的流程
实验内容	1. 创建任务 2. 建立任务相关性 3. 创建和设置项目资源
实验步骤	1. 打开 Microsoft Project 2010 2. 根据下面的项目资源需求表，为每个活动插入任务 | 活动序号	活动名称	持续时间（日）	每日需要的人力	前置活动
---	---	---	---	---
1	制定邀请名单	5	2	
2	印制请柬	4	0	1
3	寄送请柬	8	10	2
4	挑选确认场地	9	4	
5	确认菜单	4	4	4
6	挑选礼服	5	6	
7	搭配花饰	5	6	6	 在 Project 2010 的工作区空白行双击，弹出任务信息，填入任务名称以及工期（数字后面加上 d 表示工作日），如下图所示。 单击确定后，该任务就创建好了。依次为剩下的 7 个活动创建任务后，Project 2010 的工作区界面如下图所示。

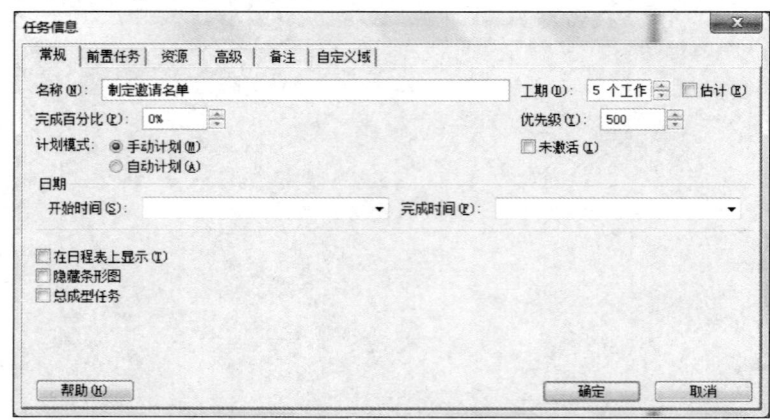

续表

任务模式	任务名称	工期	开始时间	完成时间
✈?	制定邀请名单	5 个工作日		
✈?	印制请柬	4 个工作日		
✈?	寄送请柬	8 个工作日		
✈?	挑选确认场地	9 个工作日		
✈?	确认菜单	4 个工作日		
✈?	挑选礼服	5 个工作日		
✈?	搭配花饰	5 个工作日		

工作区右边横道图。

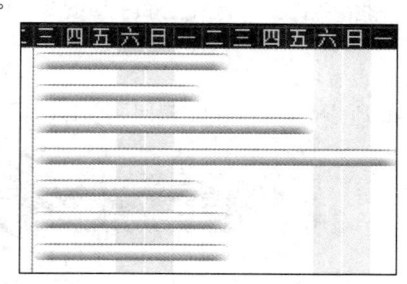

3. 建立任务相关性

任务相关性的链接类型有 FS、SS、FF、SF 四种类型，本案例的 4 个相关性全是 FS 型。在工作区右边的横道图中，点击前置任务对应的横道不动，拖到前置任务对应的后续任务，如下图所示。

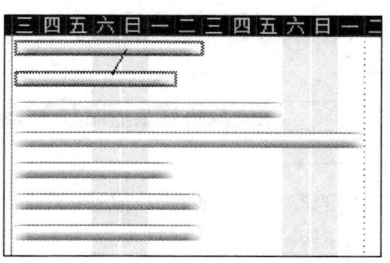

松开鼠标后，如下图所示。

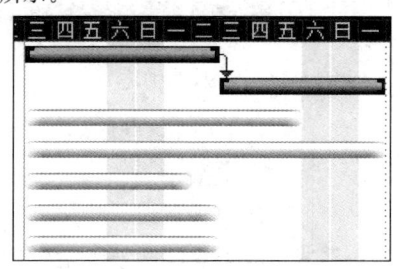

表示这两个任务之间的关联性已经建立好了，为剩下的 3 个活动关系建立任务相关性，如下图所示。

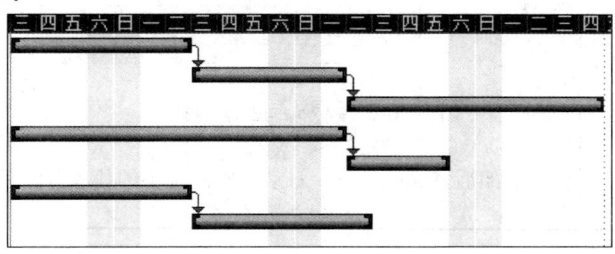

续表

此时左边的任务信息也自动加上了开始时间和结束时间以及前置任务。

任务名称	工期	开始时间	完成时间	前置任务
制定邀请名单	5 个工作日	2015年12月30日	2016年1月5日	
印制请柬	4 个工作日	2016年1月6日	2016年1月11日	1
寄送请柬	8 个工作日	2016年1月12日	2016年1月21日	2
挑选确认场地	9 个工作日	2015年12月30日	2016年1月11日	
确认菜单	4 个工作日	2016年1月12日	2016年1月15日	4
挑选礼服	5 个工作日	2015年12月30日	2016年1月5日	
搭配花饰	5 个工作日	2016年1月6日	2016年1月12日	6

4. 创建和设置项目资源

单击 Project 2010 上方"视图"下的资源工作表。

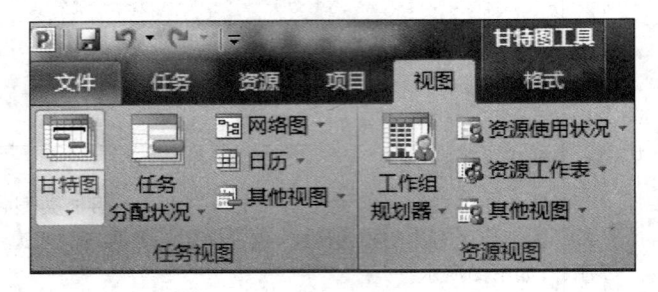

单击第一个空白行的资源名称列，输入"人力"后回车，Project 2010 自动创建该资源的其他信息。

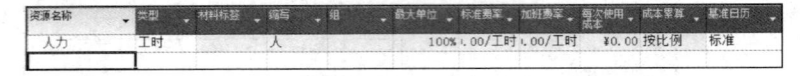

本案例的资源虽然是人力，但是由于能胜任所有的任务，人力资源更像是一种材料，故这里还需把第二列的类型修改为"材料"。

返回到"甘特图"视图，选中需要人力这个材料的任务，右键选择分配资源，点击分配。

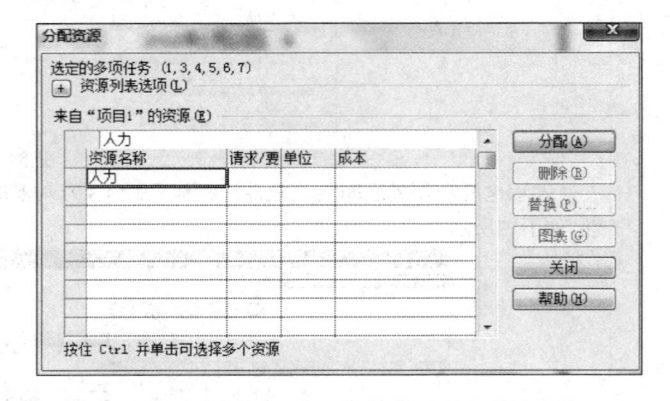

关闭后，Project 2010 自动为刚刚选中的任务分配了人力这个资源。

任务名称	工期	开始时间	完成时间	前置任务	资源名称
制定邀请名单	5 个工作日	2015年12月30日	2016年1月5日		人力[1]
印制请柬	4 个工作日	2016年1月6日	2016年1月11日	1	人力[1]
寄送请柬	8 个工作日	2016年1月12日	2016年1月21日	2	人力[1]
挑选确认场地	9 个工作日	2015年12月30日	2016年1月11日		人力[1]
确认菜单	4 个工作日	2016年1月12日	2016年1月15日	4	人力[1]
挑选礼服	5 个工作日	2015年12月30日	2016年1月5日		人力[1]
搭配花饰	5 个工作日	2016年1月6日	2016年1月12日	6	人力[1]

需要注意的是，这里资源的分配是按照总需求计算，所以还需要修改每个任务分配到的资源数量。双击任务，切换到资源选项卡，在"人力"一行右边的单位这里修改成资源总需求（工期×每日资源需求）。

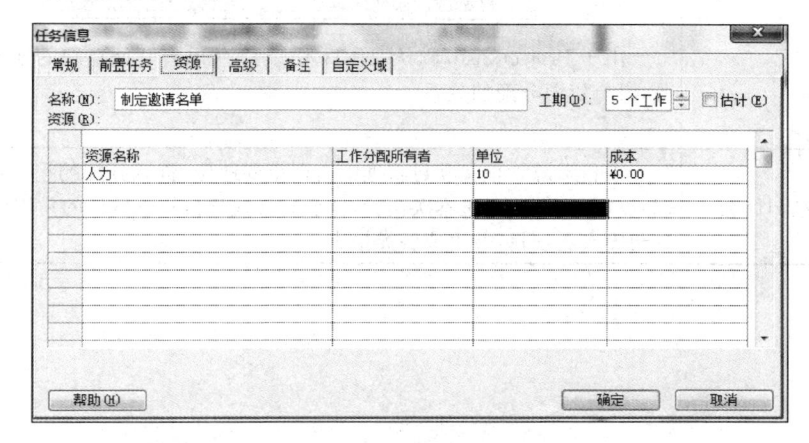

单击确定后返回到甘特图，依次为所有任务指定资源单位。

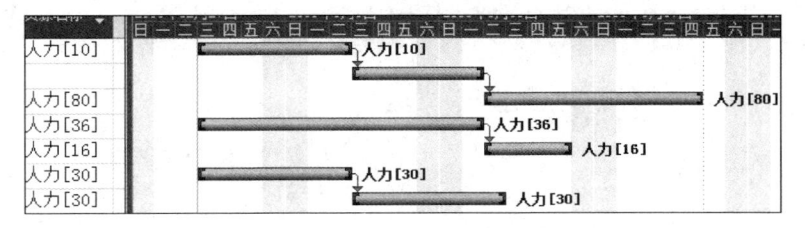

到这里资源分配完成，选择上方视图功能区中其他视图下的资源图表。

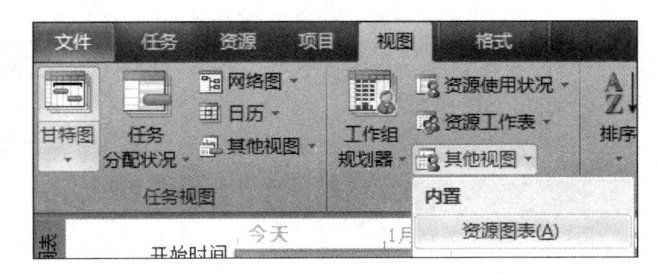

续表

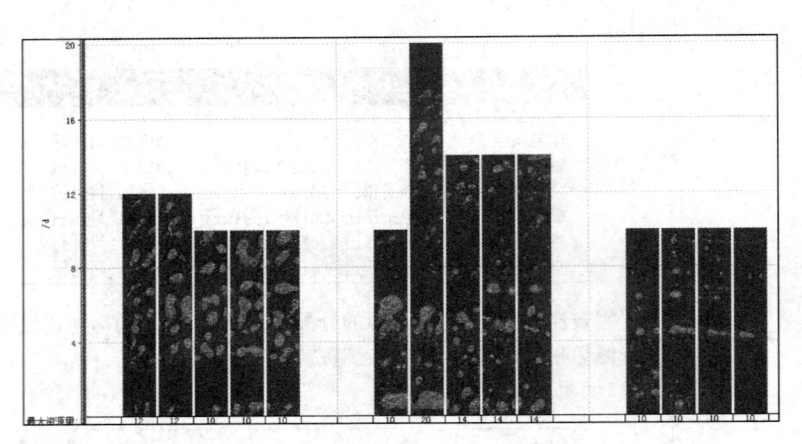

	由于 Project 2010 默认双休日不工作,所以有 2 处空缺的地方是非工作日不执行任务,没有资源分配的关系。
总结与体会	项目资源管理在项目管理中占据重要地位,资源分配的重要性不亚于对时间的安排以及项目工期。通过本次实验,体会到现代项目管理软件的易用性以及高效性,能够从多种角度查看项目,并生成各类报表。

《项目管理》实验报告

实验成绩：

实验名称	项目进度计划
实验日期	2015.12
姓名与学号	李欣芸 2012117407 陈彦佩 2012117413 廖树娜 2012117450
实验目的	了解和应用 Project 项目进度计划的内容
实验内容	对项目管理文件进行项目进度计划的相关操作
实验步骤	1. 打开计划 　　某城市"十三五"城市规划，结合该城市自身的产业基础和区域优势，为未来五年城区经济确定发展方向。现在，对该项目进行项目进度计划相关操作，将小工期按起止时间段排布，绘制甘特图，以管控项目的完成情况。 2. 确定工期 　　本部分讲述的是在项目进度计划中，开工日期、项目持续的工作日期、节假日期的更改与编制。 | 序号	工作名称	工作代号	紧后工作	工期/天	开始时间	完成时间
---	---	---	---	---	---	---
1	宏观经济环境分析	A	C	7	11/2	11/8
2	区域发展机遇分析	B	D	8	11/2	11/9
3	经济产业基础分析	C	G	6	11/9	11/14
4	资源禀赋	D	G	7	11/10	11/16
5	长三角都市圈分析	E	H	12	11/2	11/13
6	都市圈背景下的产业发展模式研究	F	H	10	11/2	11/11
7	总结:发展机遇及优势	G	J	3	11/17	11/19
8	总结:未来产业发展模式研究	H	I	3	11/14	11/16
10	意见交流	I	K、L	5	11/25	11/29
9	产业发展方向探讨	J	I	5	11/20	11/24
11	一级产业战略选择	K		14	11/30	12/14
12	细分产业宏观分析	L		14	11/30	12/14	 （1）选中"菜单"栏中的"项目"，点击"项目信息"，将"开始日期"调整为"2015 年 11 月 2 日"，将"当前日期"和"状态日期"调整为"2015 年 12 月 14 日"，日程排定方法选择"项目开始日期"。如图 1 所示：

续表

图1

(2)选中"菜单"栏中的"任务",点击"详细信息",在屏幕下方的"任务详细信息窗体"一栏中填写"任务名称""工期""日期"和"完成百分比""资源名称""前置任务名称"等任务信息。如图2所示:

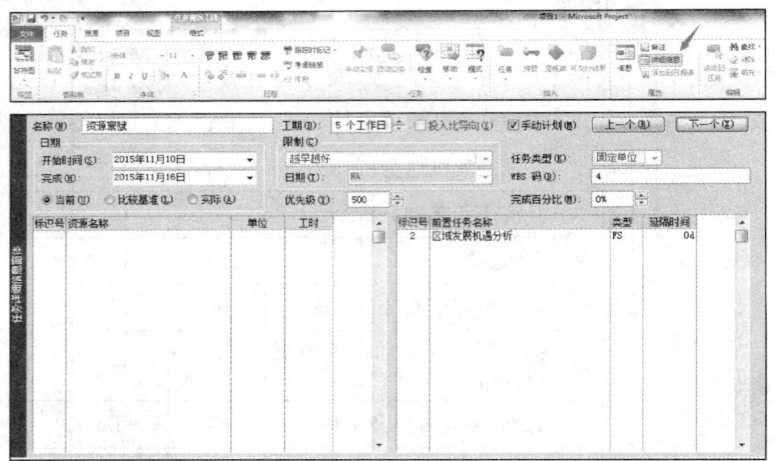

图2

(3)将所有任务信息填完后,屏幕左上方会出现如下图3所示的信息界面,屏幕右上方会出现如图4所示的甘特图。

图3

续表

	由于该项目小组采用双休制，所以在 Project 中默认周六、周日为非工作日。 (4)整理存盘。 图 4 在编制项目进度计划时电脑将编制的当天默认为此项目开始的日期。而在实际的项目开展过程中，项目组员在编制项目进度计划时，往往会面临一些重要时间节点的变动，如专家访谈、材料申请、汇报日更改等情况。因此不能确定准确的小工期起止时间，可能在过程中需要修改。
总结与体会	制定进度计划是分析活动顺序、持续时间、资源需求和进度约束，编制项目进度计划的过程。项目进度计划是项目管理计划的基础，只有制定比较详尽的可操作的项目进度计划才可以统筹安排整个项目的管理工作，使得项目各方面的工作有条不紊地开展。保持项目的资金链和避免材料、设备、资金的闲置浪费和其他协调不到位的现象。 项目进度计划中至少要包括每项活动的计划开始日期与计划完成日期，在未确认资源分配和计划开始、计划完成日期之前，项目进度计划都只是初步的。项目的执行过程中难免会发生更改项目进度计划的行为，这会给项目带来很多工作计划的调整，后续的采购、人力配置和资金安排等都有可能受到影响。因而在进度计划的预先安排上要注意其弹性问题。同时对可能改变进度计划的因素早发现、早更改和做好后续工作的安排工作，以保持项目的各项资源能够协调进行。

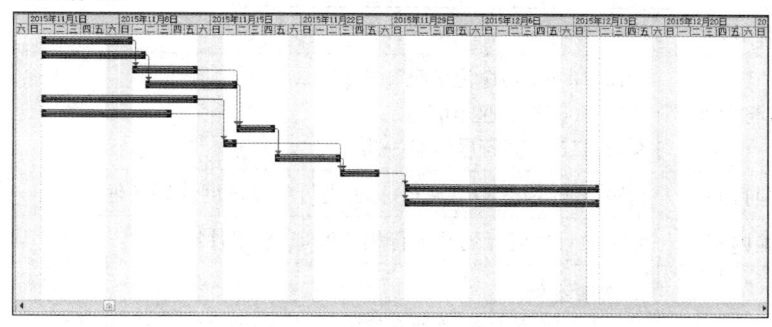

《项目管理》实验报告

实验成绩：

实验名称	项目进度计划
实验日期	2015.12.28
姓名与学号	2013110098 冯逸伦 信息二班 2013110078 王逸非 信息二班 2013111617 莫若愚 信息一班
实验目的	利用 Microsoft Office Project 进行项目进度计划管理
实验内容	编制项目进度计划并进行相关处理，绘制甘特图
实验步骤	1. 选取案例 　　我们小组选取软件开发案例进行项目进度计划的管理。 2. 案例陈述 　　假定 A 公司开发某款软件，开发步骤与所需时间如下表所示（假定每日工作 8 小时），请根据相关数据编制项目进度计划（细化开发步骤项目过多，直接在报告中展示）。 	任务名称	工期
项目范围规划	3.5 个工作日
分析/软件需求	14 个工作日
设计	14.5 个工作日
开发	21.75 个工作日
测试	48.75 个工作日
培训	45.75 个工作日
文档	30.5 个工作日
试生产	70.25 个工作日
部署	5 个工作日
实施工作结束后的回顾	3 个工作日 | 3. 将数据录入 Project 　　假定实验开始日期为工程开始日期，并默认周六、周日为非工作日。 | 任务名称	工期	开始时间	完成时间
---	---	---	---
项目范围规划	3.5 个工作日	2015 年 12 月 28 日	2015 年 12 月 31 日
分析/软件需求	14 个工作日	2015 年 12 月 31 日	2016 年 1 月 20 日
设计	14.5 个工作日	2016 年 1 月 20 日	2016 年 2 月 9 日
开发	21.75 个工作日	2016 年 2 月 10 日	2016 年 3 月 10 日
测试	48.75 个工作日	2016 年 2 月 10 日	2016 年 4 月 18 日
培训	45.75 个工作日	2016 年 2 月 10 日	2016 年 4 月 13 日
文档	30.5 个工作日	2016 年 2 月 10 日	2016 年 3 月 23 日
试生产	70.25 个工作日	2016 年 1 月 20 日	2016 年 4 月 27 日
部署	5 个工作日	2016 年 4 月 27 日	2016 年 5 月 4 日
实施工作结束后的回顾	3 个工作日	2016 年 5 月 4 日	2016 年 5 月 9 日	

《项目管理》实验报告(参考模板)

续表

4. 根据数据得到项目进度计划的甘特图

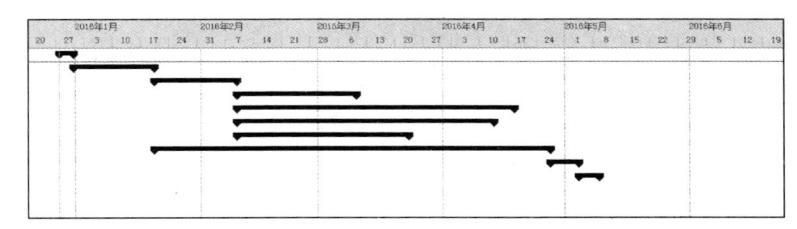

5. 添加工时数据,并进行部分展示

6. 添加细化项目进度计划要求,并进行展示

　　根据软件开发所需流程,确立详细开发步骤,并进行关键路线确定,以及工作组的确定。

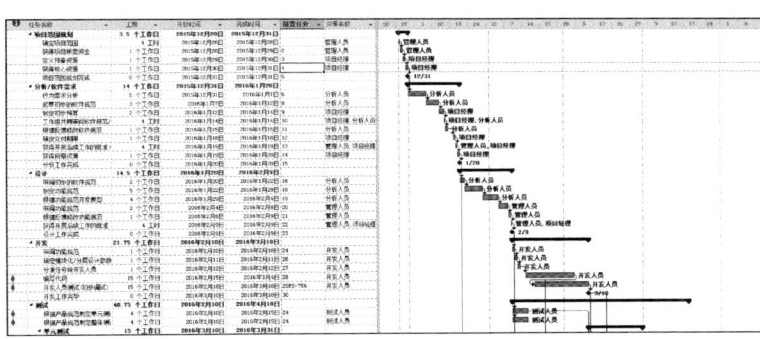

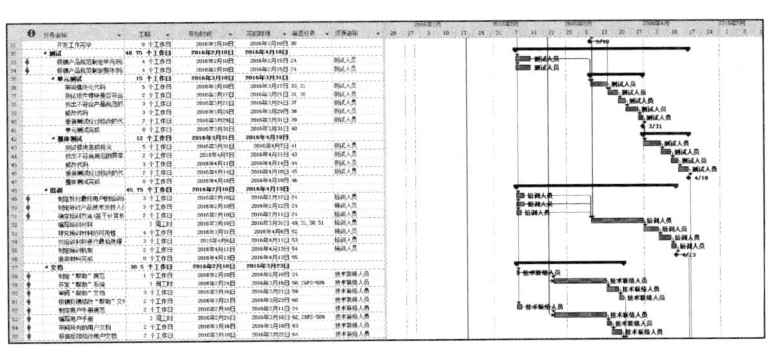

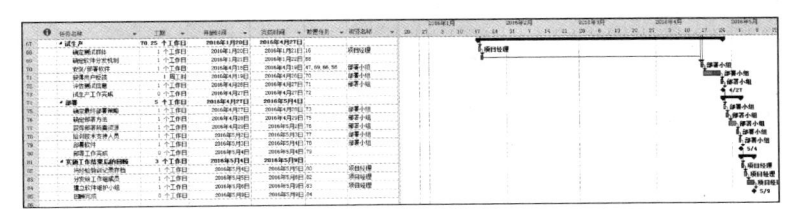

续表

	7. 利用软件生成工作组规划,进行展示。
总结与体会	首先,我们学习了 Microsoft Project 软件的使用方式,在真正把 Project 软件应用在实际的项目管理问题时,我们既发现了项目中存在的问题,又体会到 Project 软件在进行项目管理时的优越性,用 Project 可以极大地提高项目管理的效率。 最后我们小组通力合作共同完成本实验,深深地体会到了合作的重要性,我们在合作的过程中也培养了深厚的友谊。

《项目管理》实验报告(参考样例)

《项目管理》实验报告

实验成绩：

实验名称	项目时间管理
实验日期	2015.12.17
姓名与学号	陈室铨 2013111131 沈张骅 2013110586
实验目的	掌握活动工作分派的方法；掌握如何建立资源，以及如何将资源分派到任务中；了解项目的资源分派情形。
实验内容	(1) 将项目任务分派给小组成员 (2) 建立资源，并将资源分派到任务中

实验步骤	实验准备：我们将建立一个我们小组在《电子商务系统规划》课程中设计的项目进度模型。 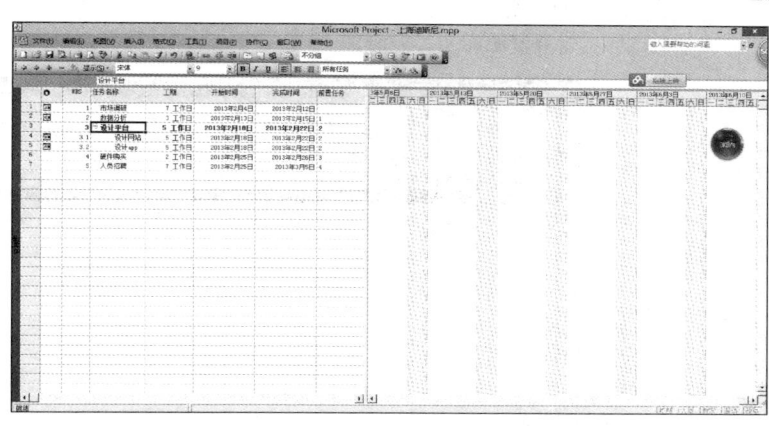 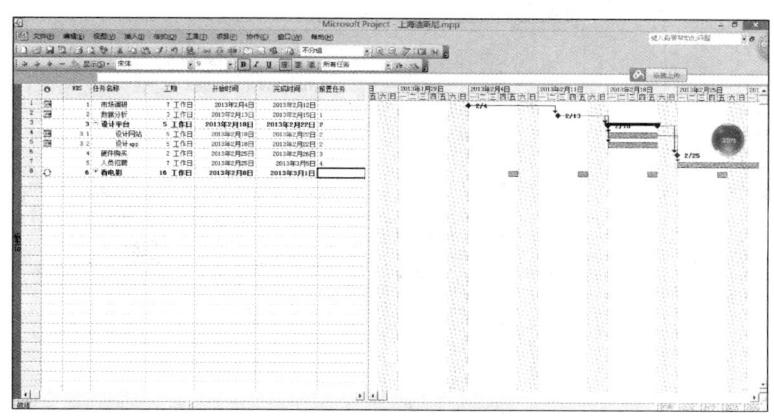
	
	3.1 任务的链接
	    任务的链接是将任务与其他任务的时间安排联系在一起，通过任务的链接而得到任务的开始或者完成时间，特点是任务之间始终被这种特定的关系约束着。实验步骤如下：
	    建立链接：

续表

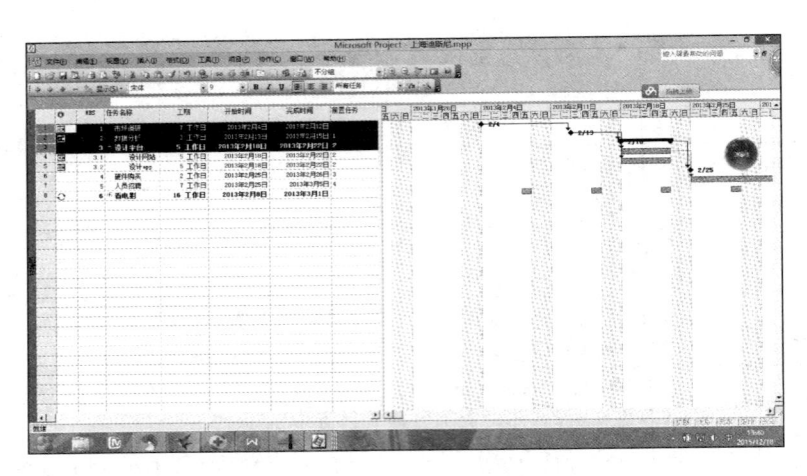

3.2 资源分配

1. 建立资源库

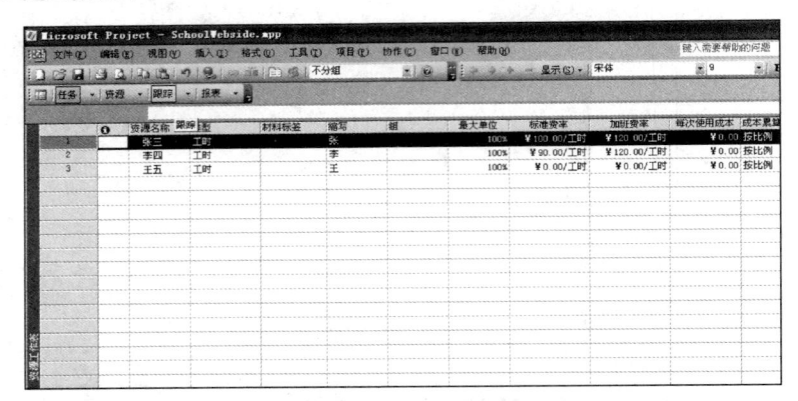

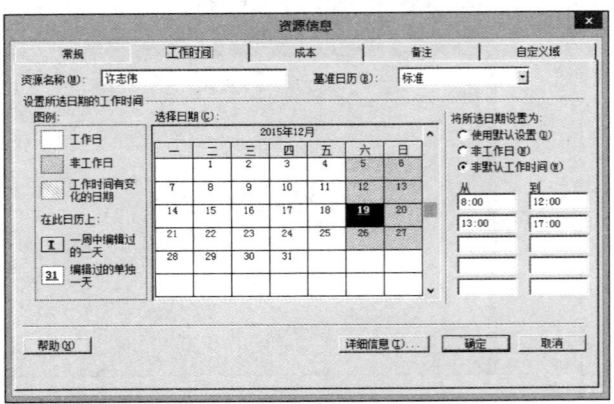

2. 为任务分配资源

续表

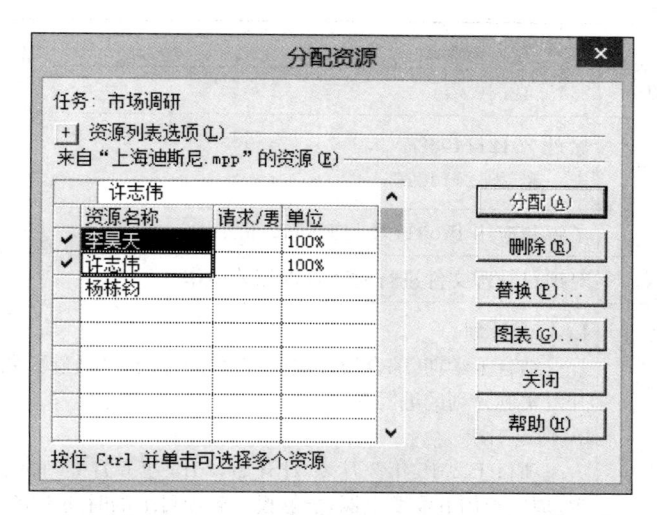

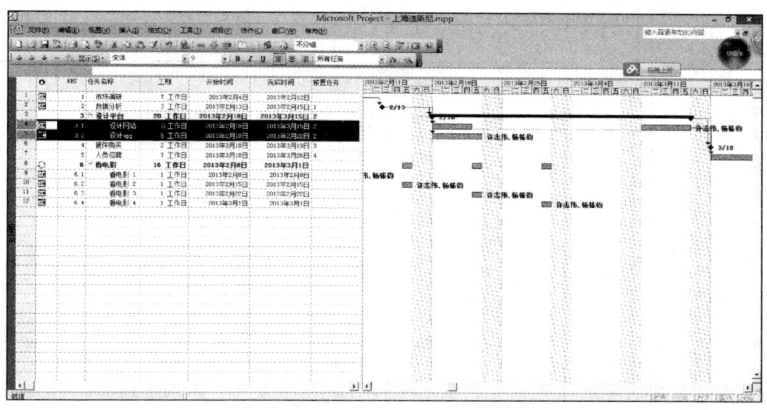

	(图示：分配资源对话框及 Microsoft Project - 上海迪斯尼.mpp 甘特图界面)
总结与体会	项目计划对于一个项目顺利开展的重要性。在计划项目时需要考虑到整个项目进行中的各个方面，以满足项目开展后能顺利进行。

《项目管理》实验报告

实验成绩：

实验名称	项目时间管理
实验日期	2015.12.10
姓名与学号	徐丹 2012114062 朱一超 2012114026
实验目的	了解和应用 Project 项目时间管理的内容
实验内容	对项目管理文件进行时间管理相关操作
实验步骤	1. 打开计划 　　结合上学期《综合设计实验》课程的系统开发经历，我们进行了 5 人学生小组的系统开发实施计划的编写。 2. 确定工期 　　项目于 2015 年 3 月 20 日开始，2015 年 6 月 24 日结束。考虑到小组成员都为大学生，周一至周五需要上课，能够投入到项目上的时间不够，所以将周六、周日也设定为工作日。平均每天工作 3 小时。

续表

		任务模式	任务名称	工期	开始时间	完成时间	前置任务
1			系统规划	1 个工作日	2015年3月20日	2015年3月20日	
2			系统需求分析	9 个工作日	2015年3月21日	2015年3月29日	1
3			▲问卷调查与采访	4 个工作日	2015年3月21日	2015年3月24日	
4			设计调查问卷与采访	1 个工作日	2015年3月21日	2015年3月21日	
5			分发问卷与采访	2 个工作日	2015年3月22日	2015年3月23日	4
6			调查采访结果分析	1 个工作日	2015年3月24日	2015年3月24日	5
7			▲现有数据分析	4 个工作日	2015年3月25日	2015年3月28日	
8			现有数据收集	2 个工作日	2015年3月25日	2015年3月26日	
9			数据整理分析	2 个工作日	2015年3月27日	2015年3月28日	8
10			综合数据分析	1 个工作日	2015年3月29日	2015年3月29日	3,7
11			面向对象建模	14 个工作日	2015年3月30日	2015年4月12日	2
12			系统数据建模	14 个工作日	2015年4月13日	2015年4月26日	
13			用户界面设计	10 个工作日	2015年4月27日	2015年5月6日	
14			首页设计	2 个工作日	2015年4月27日	2015年4月28日	
15			数据库设计	7 个工作日	2015年5月7日	2015年5月13日	12
16			编程实现	7 个工作日	2015年5月14日	2015年5月20日	15
17			测试	7 个工作日	2015年5月21日	2015年5月27日	16
18			系统安装与试运行	14 个工作日	2015年5月28日	2015年6月10日	17
19			系统正式运行	2 个工作日	2015年6月11日	2015年6月12日	18
20			评价调整	12 个工作日	2015年6月13日	2015年6月24日	19

(1) 更改开始日期。

点击"开始时间"栏进行设置填写。

任务模式	任务名称	工期	开始时间	完成时间
	系统规划	1 个工作日	15年3月20日	2015年3月20日
	系统需求分析	9 个工作日	2015年3月21日	2015年3月29日
	问卷调查与采访	4 个工作日	2015年3月21日	2015年3月24日

(2) 由于学生的可工作时间比较特殊,工作日需要上课或实习,因此双休日也作为工作日。在这里我们将工作日设置为一周七天。

(3) 节假期工期的确定。

5月1日～6日定为假期,方便学生外出游玩。

(4) 整理存盘。

①在编制系统开发实施日期时电脑将编制的当天默认为此计划开始的日期。而在实际的开发过程中,计划人员在编制项目进度计划时,往往还不能确定准确的开始日期,开始的日期因各种原因经常被修改。

根据课程要求,此项目开始日期为3月20日。

②Project在默认的情况下将每周六、周日,都设成非工作日,在调整成工作日后,软件将自行调整横线和日期格间的对应关系。

根据学生情况,此项目将周六、周日也作为工作日。

3. 分段流水

本部分讲述的是如何将项目进度计划中的过程分解成几个阶段。在学生的系统开发

续表

	过程中,往往不会将事件分段进行。而在实际开发过程中,合理的分段会促进系统开发的完成。 (1)一级分段 (2)断开链接 (3)相隔链接 (4)整理存盘
总结与体会	通过实验,我们小组了解到项目时间管理在项目管理中占据重要的地位。时间的安排考虑到项目的每个步骤的耗时,成员的时间分配的合理性。在项目的进行中,我们小组遇到了一些问题。考虑到项目成员都是大学生,周一至周五需要上课,能够投入到项目上的时间不多,所以把周六、周日也设为工作日。一开始我们没有注意到 Project 默认周六日为非工作日这一点,导致项目完成时间严重拖后。改正了这一点之后,保证了项目在放假之前完成。这是容易出现错误的一点,也是我们之后再用 Project 进行项目时间规划时需要注意的问题。项目的时间管理是对项目预期的整体把握,不但关系到项目是否能够保质保量地按时完成,也关系到项目是否能够合理地分配成员的时间。

《项目管理》实验报告

实验成绩：

实验名称	项目时间管理
实验日期	2015 年 12 月 22 日
姓名与学号	陆姣姣 2012126808 邵玉培 2012113217
实验目的	了解和应用 Project 项目时间管理的内容
实验内容	对项目管理文件进行时间管理相关操作
实验步骤	1. 打开计划 　　某项装修计划、施工计划。 2. 确定工期 　　本部分讲述的是在装修计划进度计划中，开工日期、每周的工作日期、节假日期的更改与编制，项目经理部将与本工程有关的日期和假日确定。本装修项目分为以下几个环节：1 前期设计——2 主体拆改——3 水电改造——4 木工——5 贴砖——6 刷墙面漆——7 橱柜安装——8 木门安装——9 地板安装——10 铺贴壁纸——11 散热器安装——12 开关插座安装——13 灯具安装——14 五金洁具安装——15 窗帘杆安装——16 家电安装。 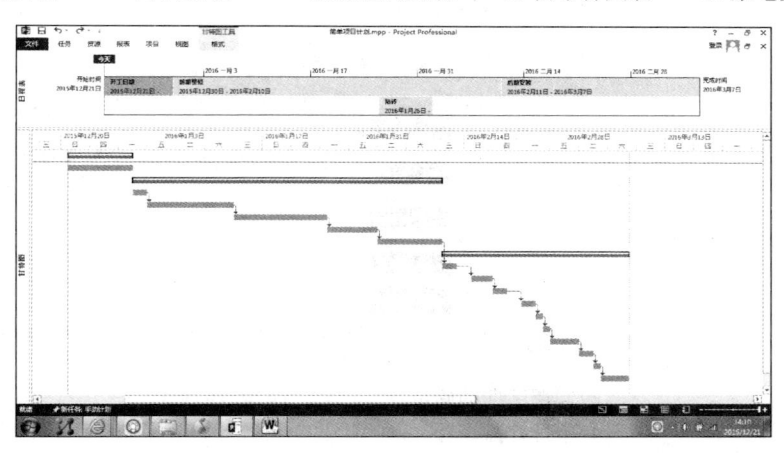 （1）改开始日期。 　　用鼠标按住"工期栏"右侧的分隔线，向右移动，展现出原来的"开始时间"。单击"开工日期"的"开始时间"，点击"月份更换键"，单击日期，进行修改。 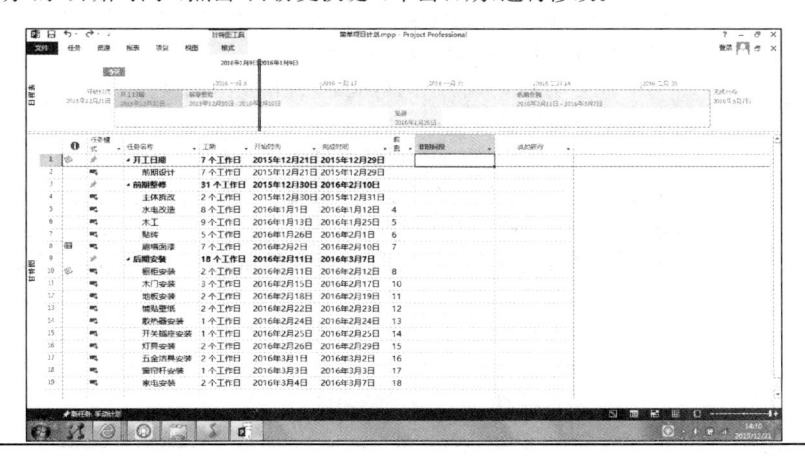

续表

(2)装修工程一般是周末休息,因为会比较影响附近的居民。也就是将 Project 中默认的周六、周日改为非工作日。以黑色标注出非工作日,重新整理日历,看得更为清楚。

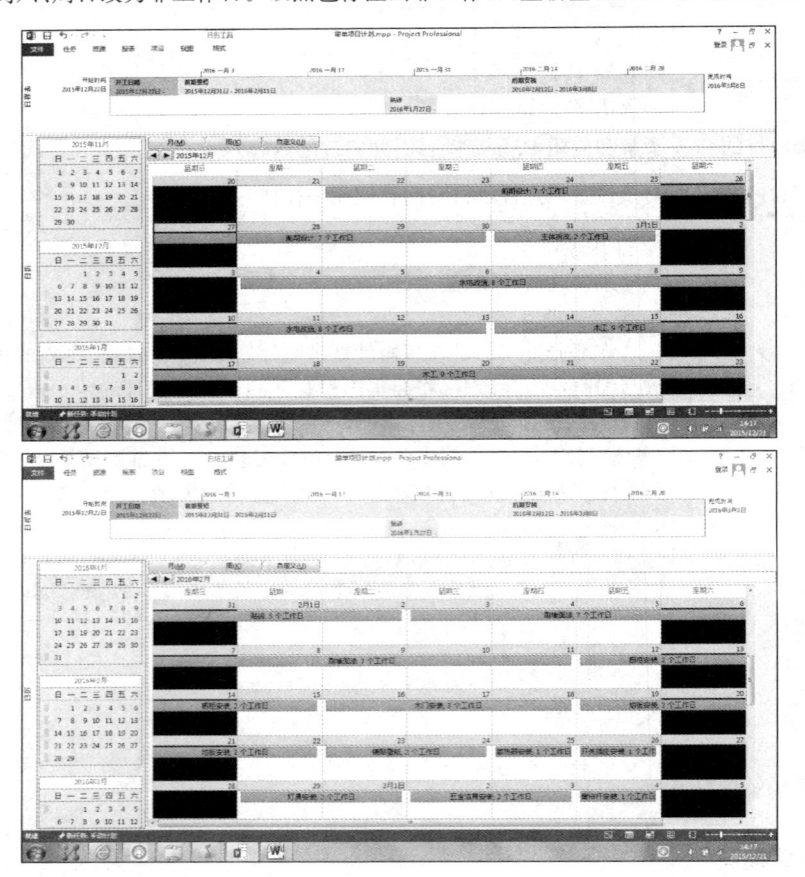

(3)假期工期的确定。

(4)整理存盘。

①在编制装修进度计划时电脑将编制的当天默认为此计划开始的日期。而在实际装修中,计划人员在编制施工进度计划时,往往还不能确定准确的开始日期,开始的日期因各种原因经常被修改。

②Project 在默认的情况下将每周六、周日都设成非工作日,在调整成工作日后,软件将自行调整横线和日期格间的对应关系。

③人为地增加非工作日,就必须相应地增加工序工作日。

3. 分段流水

本部分讲述的是如何将装修进度计划中的工序分解成几个阶段。现在编制的《某大学施工计划》,基本上是工序之间链接的大流水,没有将某个工序再分解成段进行分段流水。在实际的施工中(尤其是大工程或复杂工程),往往将工序分成若干段,实行分段流水,这样施工能达到缩短工期、节约人员和设备、大幅度地降低成本的作用。

(1)一级分段

(2)断开链接

(3)相隔链接

(4)整理存盘

续表

总结与体会	项目时间管理在项目管理中占据重要地位,时间的安排关系到业主预算和施工团队的利润。通过这次实验,一方面我们了解 Project 这个软件如何使用,另一方面我们可以快速精确地制定时间安排,不仅对以后的工作有一定帮助,就当下我们也可以使用这个软件为自己和他人提供方便,例如我们还可以对期末考试复习这样一个事件进行时间安排分析,所以这次实验我们受益良多。

《项目管理》实验报告

实验成绩：

实验名称	项目管理——欧洲假日浪漫西班牙 A36♯楼楼内装修工程
实验日期	2015.12.15—2015.12.25
姓名与学号	吴安琳 2012115047 吴 桐 2013110088 魏昊琳 2013121986
实验目的	了解和应用 Project 项目时间管理的内容
实验内容	对项目管理文件进行时间管理相关操作
实验步骤	1. 新建项目文件 （1）打开项目文件，找到项目计划书中对应的内容，如图 1 所示。 5.4.9 内装修工程 　　进入装修阶段时先编制各分部工程施工方案，经审批后方可遵照方案实施，施工中先制作样板间，以样板引路，然后大面展开施工。 　　水泥全部采用 Po32.5 级普通硅酸盐水泥。水泥按品种、标号出厂日期分类堆放并挂标识牌。储存时间不宜过长，超过三个月视为过期水泥，必需重新检测合格后，方可使用。 　　内墙抹灰砂采用河砂，水采现场自来水。 1、内墙抹灰工程 　　1、1 全面检查墙体的垂直度、平整度、找好规矩、即四角规方、横线找平、立线吊直、弹出准线和墙裙、踢脚线。先将房间规方，小房间以一面墙做基线，用尺规方，大房间在地面上弹出十字线作为墙角抹灰准线，再按房间规方地线及墙面平整程度向里返线，弹出墙面抹灰准线，并在准线上下两端排好通线后作标准灰饼及冲筋。 　　1、2 墙面、柱面的阳角及门洞的阳角，用 1:2 水泥砂浆抹出护角，高度围墙，柱及洞口全高，每侧宽度为 50mm。 　　1、3 墙面台、窗楣、雨蓬、压顶线和突出腰线等上面做滴水线或滴水槽，其宽度深度均为 10mm。 　　1、4 电表箱背面、烟道、排风道抹灰均加钢丝网，翻边 200mm。 2、混凝土地面 　　2、1 基层清理干净后洒水润湿，刷素水泥砂浆结合层一道，根据＋50mm 线贴灰饼冲筋。有地漏的房间做 1%的泛水坡度将降至地漏处。冲筋和灰饼均采用细石混凝土，混凝土用碾子碾压密实，然后用木抹子搓平。 图 1 　　本实验选取自一个真实的房地产开发项目，为了简洁明了地说明实验操作步骤，不至于过分冗长，我们选取了其中的♯36 楼楼内装修的工程进行实验的演示与说明。上图 1 为截取自项目计划文件中涉及楼内施工的操作步骤。 　　（2）打开 Project 2010。 　　（3）点击文件－新建，新建空白项目文件。 　　（4）定义项目的基本信息。 　　在选项中选择日历，设置项目的每天工作时间为 8:00～17:00，设置每周工时，每月工时，由于工程项目主要采取轮休制，因此设置每周工作 8＊7＝56 个工时。 　　此外，直接在项目的栏目中填入开始和完成时间，如图 2 所示。（由于本项目是选取了一个大型工程项目中的内装修工程部分，因此我们无法确定这一部分的具体时长，所以可以看到现在输入的工期后面有所更改）。

续表

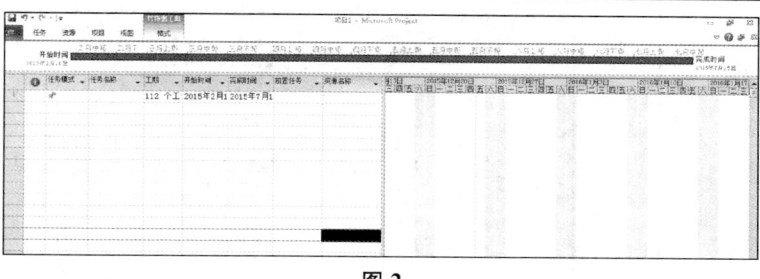

图 2

2. 设定任务并分解子任务

(1) 加入 WBS 列。

(2) 输入三个大任务,包括内墙抹灰工程、混凝土地面和外墙装修。

(3) 输入子任务,并点击降级按钮使其成为子任务,此时有了雏形,如图 3 所示。

	①	任务模式	WBS	任务名称	工期	开始时间	完成时间	前置任务
1		★	1	内墙抹灰工程	9 个工作日	2015年2月10日	2015年2月20日	
2		★	1.1	前期准备	2 个工作日	2015年2月10日	2015年2月11日	
3		★	1.2	阳角	3 个工作日	2015年2月12日	2015年2月14日	
4		★	1.3	滴水槽	3 个工作日	2015年2月15日	2015年2月17日	
5		★	1.4	加筑钢丝	3 个工作日	2015年2月18日	2015年2月20日	
6		★	2	混凝土地面	18 个工作日	2015年2月21日	2015年3月17日	
7		★	2.1	第一遍抹	7 个工作日	2015年2月21日	2015年2月28日	
8		★	2.2	第二遍抹	7 个工作日	2015年3月1日	2015年3月8日	
9		★	2.3	洒水养护	7 个工作日	2015年3月9日	2015年3月17日	
10		★	3	外墙装修	24 个工作日	2015年3月18日	2015年4月20日	
11								

图 3

(4) 设置每个任务的工期(在表格中直接输入),此时项目的甘特图已经出现,如图 4 所示。

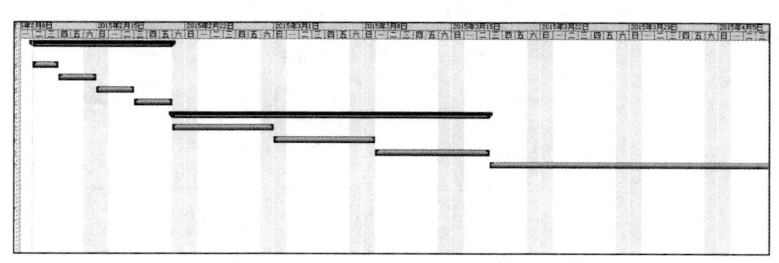

图 4

(5) 输入周期任务。

本项目的周期性任务共有四项:安全生产会(每周五晚上)、业主与监理例会(每周五下午)、经理部内部例会(每周一)、全体员工会议(每月 1 日)。

点击任务—周期任务,输入任务名称、周期长度(每周一次/每月一次)如图 5 所示。

	❶	任务模式	WBS	任务名称	工期	开始时间	完成时间	前置任务
1		★	1	内墙抹灰工程	9 个工作日	2015年2月10日	2015年2月20日	
2		★	1.1	前期准备	2 个工作日	2015年2月10日	2015年2月11日	
3		★	1.2	阳角	3 个工作日	2015年2月12日	2015年2月14日	
4		★	1.3	滴水槽	3 个工作日	2015年2月15日	2015年2月17日	
5		★	1.4	加钪钢丝	3 个工作日	2015年2月18日	2015年2月20日	
6		★	2	混凝土地面	18 个工作日	2015年2月21日	2015年3月17日	
7		★	2.1	第一遍抹	7 个工作日	2015年2月21日	2015年2月28日	
8		★	2.2	第二遍抹	7 个工作日	2015年3月1日	2015年3月8日	
9		★	2.3	洒水养护	7 个工作日	2015年3月9日	2015年3月17日	
10		★	3	外墙装修	24 个工作日	2015年3月18日	2015年4月20日	
11								
12		⟳	4	安全生产会	46 个工作日	2015年2月16日	2015年4月20日	
23		⟳	5	业主与监理例会	46 个工作日	2015年2月13日	2015年4月17日	
34		⟳	6	经理部内部例会	46 个工作日	2015年2月13日	2015年4月17日	
45		⟳	7	全体员工会议	23 个工作日	2015年3月1日	2015年4月1日	

图 5

所有的任务添加完成后，现在的甘特图如图 6 所示。

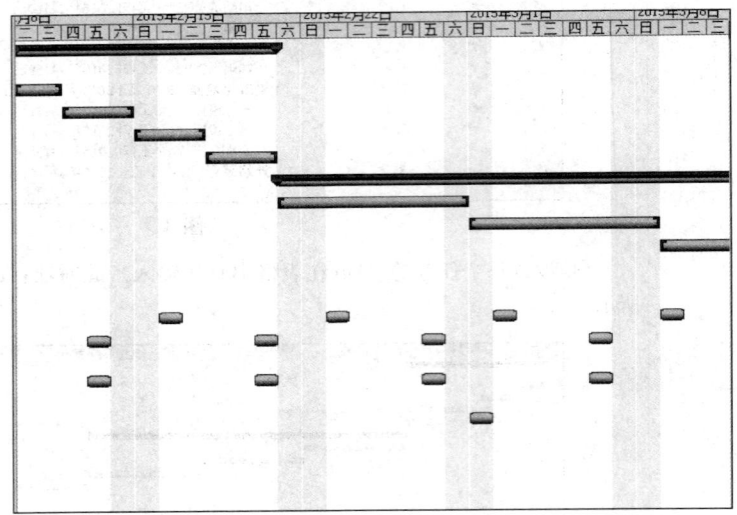

图 6

3. 资源分配

(1)打开资源分配表，在里面输入各项需要用到的资源名称。

我们根据项目的施工报告书找到了所需要的材料图 7、机器设备图 8、人工图 9。

序号	材料、半成品、成品名称	进场时间
1	清水多层板、木方	随工程进度
2	钢筋	随工程进度
3	碎石	随工程进度
4	砂	随工程进度
5	水泥	随工程进度
6	MU机制砖	随工程进度
7	防水材料	随工程进度
8	门窗	随工程进度
9	装饰材料	随工程进度
10	机电设备	随工程进度
11	安装设备	随工程进度

图 7

续表

6	搅拌机	JDY/JZC350	4 台	7.5	15
7	排水潜水泵	QWD-15-22	4 台	2.1	8.4
8	钢筋加工 钢筋弯曲机	GWJ40	2 台	5.6	5.6
9	钢筋加工 钢筋切断机	GJ40 11	2 台	11	11
10	电焊机	JC=50%24KVCOS φ =0.87	2 台	24.36	73.08
11	电动切管套丝机	Z3T-SQ100E	1 台	0.75kw	0.75
12	提升机		4	11.4	68.4
13	施工照明			10kw	20
14	办公、生活用电			20KW	20

图 8

工种	级别	按工程施工阶段投入劳动力情况						
		基础	主体	屋面	外装修	内装修	水电暖	竣工清理
钢筋工		55	135					
木工		40	50					
砼工		45	60					
架子工			12	6	7	91		15
瓦工		75	90	65	42	30		12
抹灰工				25	35	25		8
防水工				10		10		2
油漆工					10	10		4
焊工	1	1	1	1	1	1	2	1
水工	1	1	1	1	1	1	4	1
电工	2	2	2	2	2	2	4	2
力工		10	15	15	10	10	2	5

图 9

(2)选择各项资源的类型,对于人力资源选择工时类型,对于设备等则选择成本,而原材料则选择材料,如图 10 所示。

	资源名称	类型	材料标签	缩写	组	最大单位	标准费率	加班费率	每次使用成本	成本累算	基准日历	代码
1	焊工	工时		焊		200%	¥15.00/工时	¥20.00/工时	¥0.00	按比例	标准	
2	水工	工时		水		400%	¥15.00/工时	¥20.00/工时	¥0.00	按比例	标准	
3	电工	工时		电		400%	¥15.00/工时	¥20.00/工时	¥0.00	按比例	标准	
4	力工	工时		力		200%	¥15.00/工时	¥20.00/工时	¥0.00	按比例	标准	
5	排水潜水泵	成本		排						按比例		
6	电焊机	成本		电						按比例		
7	电动切管套丝机	成本		电						按比例		
8	提升机	成本		提						按比例		
9	施工照明	成本		施						按比例		
10	办公及生活用电	成本		办						按比例		
11	清水多层板	材料		清			¥60.00		¥0.00	按比例		
12	木方	材料		木			¥100.00		¥0.00	按比例		
13	钢筋	材料		钢			¥2,300.00		¥0.00	按比例		
14	碎石	材料		碎			¥100.00		¥0.00	按比例		
15	砂	材料		砂			¥50.00		¥0.00	按比例		
16	水泥	材料		水			¥300.00		¥0.00	按比例		
17	防水材料	材料		防			¥300.00		¥0.00	按比例		
18	装饰材料	材料		装			¥200.00		¥0.00	按比例		
19	机电设备	成本		机						按比例		
20	安装设备	成本		安						按比例		

图 10

(3)为人力资源设置每个工时的价格以及加班时的工时价格,并且设置最大单位以表示每项人力资源的人数;为材料设置单位费率。

(4)切换回甘特图视图进行各项任务的资源分配。

(5)点击资源分配按钮,依次选择每项任务所需要的资源,包括所有子任务,直到所有任务都分配了资源。目前的甘特图如图 11 所示。

续表

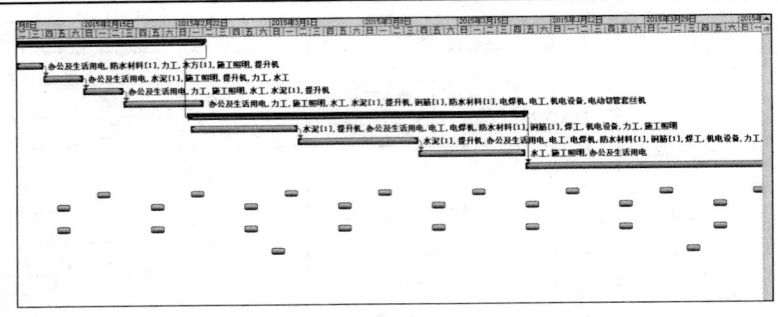

图 11

4. 确定工期

(1)由于我们之前已经设置了时间,因此跳过更改开始日期和结束日期的步骤。

(2)建筑施工一般是采用轮休,所以在施工进度计划上每周六、周日是不休息的,因此要将某公寓施工进度计划中每周六、周日的休息日全改为工作日。也就是将 Project 中默认的周六、周日非工作日全改为工作日,如图 12 所示。

我们首先选择某个周末的日期(如 2 月 14 日),将其改为工作日,然后选择此事每个双休日重复发生的选项,之后将重复次数延长到 4 月 20 日,从而将双休日都改为工作日。

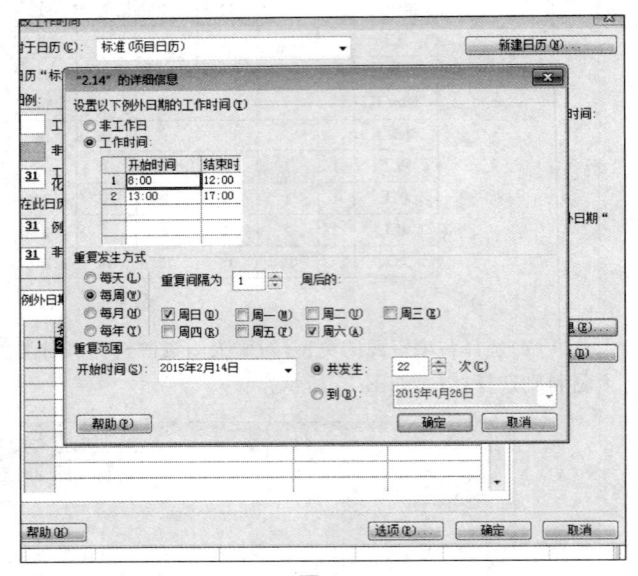

图 12

5. 任务链接

为了保证项目的连续性和完整性,我们点击几个相连的子任务,同时选择它们,点击链接按钮,从而将任务与其他任务的时间安排联系在一起,同时将母任务链接起来。

续表

6. 设置项目资源计划

(1)我们通过指定资源所用的时间,或资源可用于整个项目的最大单位,来定义新的工时资源,例如图 13 中我们共有两个力工,所以最大单位为 200%。

(2)资源编码

(3)设置资源

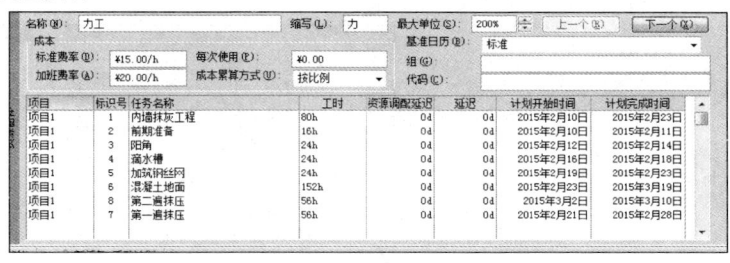

图 13

7. 进行成本管理计划

(1)进行基准比较

选择保存基准命令,将项目的进度与标准进行比较,如图 14 所示(由于项目在打开的时候时间调整出了一点小差错,因此在显示时间时一直显示实验当日时间,我们在后续实验中做了调整)。

(2)项目进度追踪

根据项目的实际进度,调整每一项任务的进程,在我们将所有项目都完工时,甘特图的进度就会显示 100% 的状态,如图 15 所示。

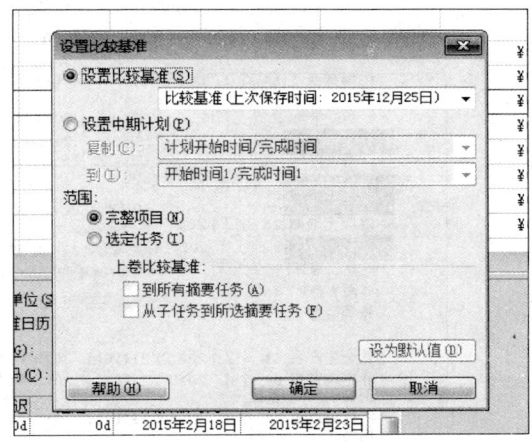

图 14

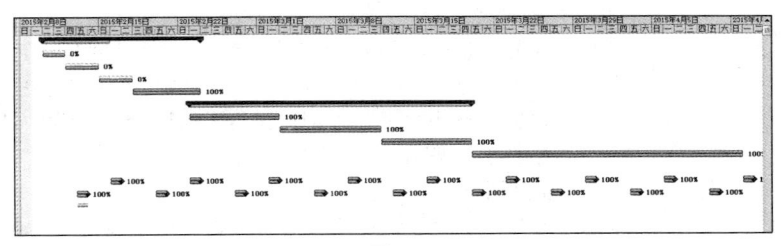

图 15

续表

(4) 盈余分析

我们整理出了所有目前的成本(如图 16)。我们在思考后发现,此处主要存在的问题就是成本估计不是十分精确,比如会议的成本和一些需要摊销的各项任务的成本,比如水电煤等,并没有算在内。在实际操作中,为了将成本降到最低,应当把所有能够考虑的情况都算在内。

图 16

8. 联合控制管理

(1) 本次试验中诸子项经历了多次调整,时间跨度有一定的变化。究其原因,是组内成员没有切实参与项目,因此存在较大的不确定性。组织书中并未涉及具体每个小工程的时间,成员在分析讨论后对于时间进行了调整,使之较为贴近现实。

(2) 对于进度、资源、费用等过程与前相同。

(3) 重新调整。

我们重排了整个项目的时间,并对此做了微调,最终结果如下图所示。

续表

	(甘特图表格图像)
总结与体会	经过这次实验，组内成员深刻感受到了运行项目以及对项目进行经营管理的困难。从确定项目到确定工期、编制流水，每一步都要认真考虑，一点疏忽都会导致大量返工，带来更大的工作量。确定工期时，我们联系了查找到的资料——由组内成员的亲属亲自参与的项目的组织书，并且联系了相关实际经验，确定了较为贴切的工期。编制流水时，更是全力研究 Project 软件，争取做到最好。在实际操作中，我们感受到了每一步的操作与管理都十分不易。从变更工作日到收集材料信息，从编辑甘特图到给 WBS 任务进行升级降级，从分析任务到建立里程碑，从分析资源到连接任务……每一次操作都关系到项目计划的精准与否，每一个考量都必须纵览全局、三思而定。资源分配是花了许多时间才做好的部分，不仅要从庞杂的表单中找出我们本次进行的内装修项目所需的工具、资源，还要根据子项目进行再次分配，决定用量、效率和花销。这一个子项就需要花费如此精力，进行一个完整的大项目要做的工作只会更加庞杂。在选修这门课之前，我们认为项目管理是一项相对轻松的任务，只要审核相关文件便好。但是事实证明，想要高效、快速地进行管理需要长期的学习和训练。通过软件完整地编制管理过程，模拟项目演练已经不易，真正的项目监督和项目管理更是需要熟练运用软件、认真研究项目背景、反复进行多次实验才能成竹在胸。项目管理不是一个大而空的概念，而是要落在实处、实践出真知的科学。

参考文献

[1] [美]Project Management Institute. 项目管理知识体系指南(PMBOK 指南)(第 5 版)[A Guide to the Project Management Body of Knowledge (PMBOK Guide),5/e][M]. 许江林,等译. 北京:电子工业出版社,2013.

[2] [美]哈罗德·科兹纳(Harold Kerzner). 项目管理:计划、进度和控制的系统方法(第 11 版)[Project Management:A Systems Approach to Planning,Scheduling and Controllin,11th Edition][M]. 杨爱华,王丽珍,洪宇,等译. 北京:电子工业出版社,2014.

[3] 杰克·R. 梅雷迪思,小塞缪尔·J. 曼特尔. 项目管理:管理新视角(第 7 版)[M]. 戚安邦译. 北京:中国人民大学出版社,2011.

[4] 刘国成. 中文版 Project 2013 实用教程(计算机基础与实训教材系列)[M]. 北京:清华大学出版社,2015.